EL ÚLTIMO MANUAL DE BRIOCHE

Domina el arte de hornear un brioche perfecto cada vez

Noelia Garcia

Material con derechos de autor ©2024

Reservados todos los derechos

Ninguna parte de este libro puede usarse ni transmitirse de ninguna forma ni por ningún medio sin el debido consentimiento por escrito del editor y del propietario de los derechos de autor, excepto las breves citas utilizadas en una reseña. Este libro no debe considerarse un sustituto del asesoramiento médico, legal o de otro tipo profesional.

TABLA DE CONTENIDO

TABLA DE CONTENIDO 3
INTRODUCCIÓN 7
BRIOCHE CLÁSICO 8
   1. BRIOCHE TRENZADO 9
   2. BRIOCHE DE MASA MADRE 11
   3. BOLLOS BRIOCHE EN MINIATURA 13
BRIOCHE DE CHOCOLATE 16
   4. BOLLOS MATUTINOS DE BRIOCHE DE CACAO 17
   5. BRIOCHE DE CHOCOLATE CLÁSICO 22
   6. BRIOCHE DE CHOCOLATE BABKA 25
   7. PAN BRIOCHE DOBLE CHOCOLATE 28
   8. BRIOCHE AU CHOCOLAT SIN GLUTEN 31
   9. BRIOCHE CHINO DE CHOCOLATE 34
BRIOCHE ESPECIALIZADO 38
   10. BRIOCHE DE VAINILLA 39
   11. BRIOCHE DE CANELA 42
   12. BRIOCHE DE CHILE PIMIENTO 45
   13. BRIOCHE ESPECIADO CON CUAJADA DE ESPINO AMARILLO ... 48
   14. BOLLOS CRUZADOS CALIENTES DE BRIOCHE ESPECIADOS ... 50
   15. PAN BRIOCHE CHAI ESPECIADO 53
   16. BRIOCHE DE AZÚCAR Y ESPECIAS 56
   17. BOLLOS DE BRIOCHE CON ESPECIAS Y CÚRCUMA 59
   18. BRIOCHE DE REMOLINO DE AZÚCAR Y CANELA 62
   19. ROLLITOS DE BRIOCHE CON NUEZ MOSCADA Y PASAS ... 64
   20. BRIOCHE TWIST DE NARANJA Y CARDAMOMO 66
   21. PAN BRIOCHE DE JENGIBRE 68
   22. NUDOS DE BRIOCHE DE CALABAZA Y ESPECIAS 70
   23. REMOLINOS DE BRIOCHE CON ESPECIAS CHAI 72
   24. MUFFINS DE BRIOCHE DE SIDRA DE MANZANA 74
   25. CORONA DE BRIOCHE DE VAINILLA Y CARDAMOMO 76
BRIOCHE REGIONAL 78
   26. BRIOCHE FRANCÉS CLÁSICO 79
   27. BRIOCHE AMERICANO 82
   28. BRIOCHE SUIZO CON CHISPAS DE CHOCOLATE 84
   29. BRIOCHE PROVENZAL DE LIMÓN Y LAVANDA 87

30. Brioche sureño de canela y nueces 90
31. Brioche escandinavo de cardamomo y naranja 93
32. Brioche alsaciano Kugelhopf 96
33. Brioche de fougasse provenzal 98
34. Brioche sueco de azafrán Lussekatter 100
35. Panettone Brioche Italiano 102
36. Brioche japonés Matcha Melonpan 104
37. Brioche marroquí de azahar 106
38. Brioche indio de cardamomo y azafrán 108
39. Brioche mexicano de chocolate y canela 110

BRIOCHE DE FRUTAS 112
40. Brioche de frutas y frutos secos 113
41. Bollos de natillas brioche con frutas de hueso y albahaca 115
42. Bollos de brioche de chocolate y maracuyá 118
43. Corona de brioche de frutas confitadas y nueces ...121
44. Brioche de arándanos y limón 124
45. Rollitos de brioche de frambuesa y almendras 126
46. Brioche Twist de melocotón y vainilla 128
47. Trenza Brioche De Queso Crema De Fresa 130
48. Remolinos de brioche de cereza y almendras 132
49. Rollitos de brioche de mango y coco 134
50. Brioche de tarta de queso con moras y limón 136
51. Corona de brioche de cítricos y kiwi 138

BRIOCHE VEGETARIANO 140
52. Brioches de pommes de terre 141
53. Rollitos de brioche rellenos de espinacas y queso feta 143
54. Tarta Brioche de Pimiento Rojo Asado y Queso de Cabra ...145
55. Trenza Brioche De Champiñones Y Queso Suizo ..147
56. Focaccia brioche de calabacín y parmesano 149
57. Rollitos de brioche de tomate secado al sol y albahaca ...151
58. Bollos de brioche rellenos de brócoli y queso cheddar 153
59. Tarta Brioche De Cebolla Caramelizada Y Gruyère ...155
60. Molinillos de brioche de alcachofas y pesto 157

BRIOCHE DE QUESO 159
61. Brioche de queso 160
62. Brioche De Pera Y Queso 162

63. Brioche de tomate secado al sol y mozzarella 164
64. Nudos de brioche de parmesano y ajo 166
65. Brioche Relleno De Tocino Y Cheddar 168
66. Rollitos de brioche de jalapeño y pepper jack 170
67. Brioche de gouda y hierbas 172
68. Brioche de queso azul y nueces 174

BRIOCHE DE NUECES **176**
69. Brioche dulce con pasas y almendras 177
70. Brioche de caramelo y nueces y nueces 180
71. Rollitos de brioche de almendras y miel 182
72. Nudos de brioche de nuez y sirope de arce 184
73. Remolinos de brioche con chispas de chocolate y avellanas 186
74. Brioche de anacardos y ralladura de naranja 189
75. Nudos de brioche de mermelada de pistacho y frambuesa 191
76. Brioche de nuez de macadamia y coco 193
77. Brioche de glaseado de avellanas y espresso 196

BRIOCHE FLORES **198**
78. Brioche de harina de maíz y lavanda 199
79. Brioche de miel y lavanda 201
80. Nudos de brioche de pétalos de rosa y cardamomo 203
81. Remolinos de brioche de azahar y pistacho 205
82. Brioche de manzanilla y ralladura de limón 207
83. Rollitos de brioche de té de jazmín y melocotón 209
84. Nudos de brioche de hibisco y bayas 211
85. Remolinos de brioche de violeta y limón 213
86. Brioche de flor de saúco y arándanos 215

JALA BRIOCHE **217**
87. Máquina de pan Jalá 218
88. Jalá con mayonesa 220
89. Jalá de seis trenzas 222
90. Jalá sin aceite 225
91. Jalá con pasas 227
92. Jalá suave 229
93. Jalá de masa madre 232
94. Jalá de Año Nuevo 235
95. Jalá rellena 239

96. Dulce jalá 241
97. Jalá muy mantecosa 244
98. Jalá de agua 246
99. Jalá en forma de remolino de chocolate 248
100. Jalá salada con hierbas y queso 250
CONCLUSIÓN **252**

INTRODUCCIÓN

Embárquese en un viaje al delicioso mundo del brioche con "EL ÚLTIMO MANUAL DE BRIOCHE", su guía completa para dominar el arte de hornear un brioche perfecto en todo momento. Este libro de cocina es una celebración de las delicias ricas, mantecosas y tiernas que definen este icónico pastel francés. Con recetas elaboradas por expertos y guía paso a paso, es hora de mejorar tus habilidades para hornear y disfrutar del placer de crear brioches celestiales en tu propia cocina.

Imagine el aroma del brioche recién horneado llenando su hogar, la corteza dorada dando paso a un interior suave y aireado. "EL ÚLTIMO MANUAL DE BRIOCHE" es más que una simple colección de recetas; es tu boleto para convertirte en un aficionado al brioche, dominar las técnicas y comprender los matices de este pastel clásico. Ya seas un panadero experimentado o un novato en la cocina, estas recetas están meticulosamente diseñadas para guiarte en un delicioso viaje por el mundo del brioche.

Desde panes de brioche tradicionales hasta giros innovadores y variaciones deliciosas, cada receta es un testimonio de la versatilidad y el placer que ofrece el brioche. Ya sea que esté soñando con un tranquilo desayuno de fin de semana, un elegante brunch o un delicioso té por la tarde, este manual lo tiene cubierto.

Únase a nosotros mientras desmitificamos el arte de hornear brioche, explorando la ciencia detrás del aumento perfecto, la magia de laminar mantequilla en la masa y la alegría de crear un pastel que es a la vez una maravilla culinaria y un testimonio de su destreza horneadora. Entonces, precaliente sus hornos, desempolve sus rodillos y profundicemos en "El manual definitivo de brioche" para un viaje de perfección horneada y puro placer.

BRIOCHE CLÁSICO

1. brioche trenzado

INGREDIENTES:
- ⅓ taza de agua
- 2 huevos grandes
- 2 yemas de huevo grandes
- ¼ de libra de mantequilla o margarina
- 2½ taza de harina para todo uso
- 3 cucharadas de azúcar
- ½ cucharadita de sal
- 1 paquete de levadura seca activa

INSTRUCCIONES:
a) Agregue los ingredientes al molde de la máquina para hacer pan según las instrucciones del fabricante.
b) Seleccione ciclo dulce o masa. 3. Al final del ciclo, raspe la masa sobre una tabla ligeramente cubierta con harina para todo uso. Divida la masa en 3 partes iguales. Si va a hacer una hogaza de 1½ libra, enrolle cada pieza para formar una cuerda de aproximadamente 12 pulgadas de largo.
c) Para una barra de 2 libras, enrolle cada pieza para formar una cuerda de aproximadamente 14 pulgadas de largo. Coloque las cuerdas paralelas a aproximadamente 1 pulgada de distancia en una bandeja para hornear untada con mantequilla de 14 x 17 pulgadas.
d) Junte las cuerdas en un extremo, tréncelas sin apretar y luego junte los extremos de la trenza.
e) Cubra el pan ligeramente con una envoltura de plástico y déjelo reposar en un lugar cálido hasta que esté hinchado, aproximadamente 35 minutos. Retire la envoltura de plástico.
f) Batir 1 yema de huevo grande para mezclar con 1 cucharada de agua. Unte la trenza con la mezcla de huevo.
g) Hornee la trenza en un horno a 350 F hasta que esté dorada, aproximadamente 30 minutos. Deje enfriar sobre una rejilla al menos 15 minutos antes de cortarlo. Sirva caliente, tibio o frío.

2.Brioche de masa madre

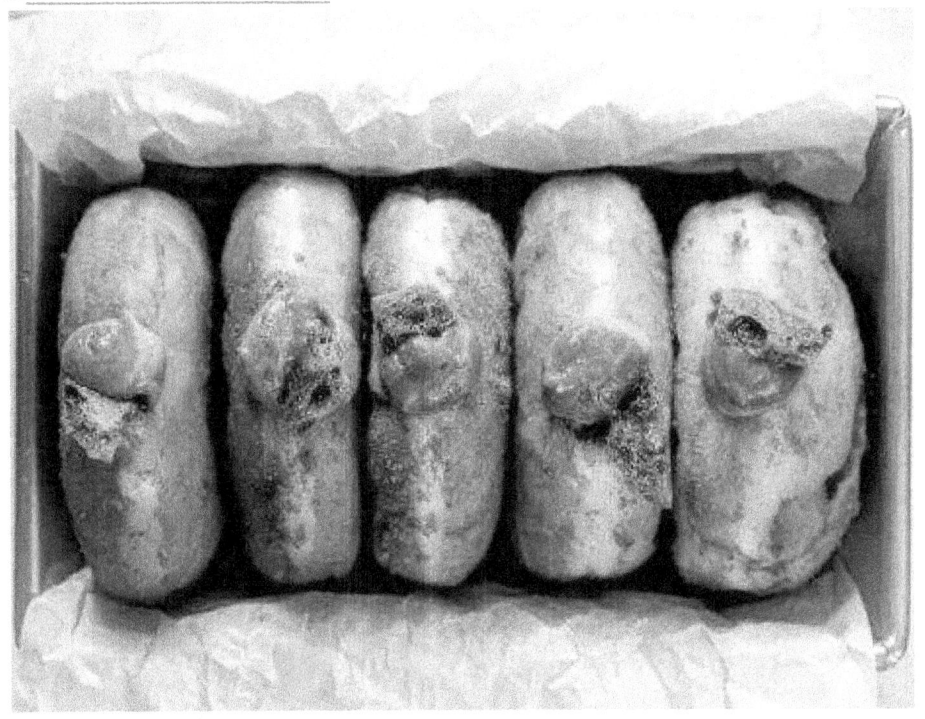

INGREDIENTES:
- 3½ onzas (100 g) masa madre de trigo
- 3½ tazas (450 g) de harina de trigo
- ⅔ taza (75 ml) de leche, temperatura ambiente 5¼ cucharaditas (15 g) de levadura fresca
- 5 huevos
- ⅔ taza (75 g) de azúcar
- 1½ cucharadas (25 g) de sal
- 1½ taza (350 g) de mantequilla sin sal, ablandada
- 1 huevo para pintar

INSTRUCCIONES:
a) Mezclar la masa madre con la mitad de la harina de trigo, la leche y la levadura. Deje reposar la mezcla durante unas 2 horas.
b) Agrega todos los ingredientes excepto la mantequilla y mezcla bien. Luego, agrega la mantequilla poco a poco, aproximadamente ¼ de taza (50 g) a la vez. Amasar bien.
c) Cubrir con un paño y dejar reposar la masa durante unos 30 minutos.
d) Forme veinte bollos pequeños y suaves. Colócalas en moldes para cupcakes y déjalas reposar hasta que hayan duplicado su tamaño. Pincelar los bollos con el huevo.
e) Hornea el brioche a 210 °C (400 °F) durante unos 10 minutos.

3. Bollos de brioche en miniatura

INGREDIENTES:
INICIO:
- 1 taza (140 g) de harina de pan sin gluten
- 2⅔ cucharaditas (8 g) de levadura instantánea
- 1 cucharada (12 g) de azúcar
- ½ taza de leche, escaldada y enfriada a 95°F
- ¼ de taza más 2 cucharadas de agua tibia (aproximadamente 95 °F)

MASA:
- 3 tazas (420 g) de harina de pan sin gluten
- 1 cucharadita (6 g) de sal kosher
- 1½ cucharadas de miel
- 3 huevos grandes, a temperatura ambiente, batidos
- 11 cucharadas (154 g) de mantequilla sin sal, a temperatura ambiente
- Huevo batido (1 huevo grande, a temperatura ambiente, batido con 1 cucharada de leche)

INSTRUCCIONES:
PARA EL INICIO:
a) En un tazón mediano, mezcle los ingredientes iniciales hasta que estén bien combinados. La mezcla quedará espesa y sin forma.

b) Cubra el tazón y déjelo a un lado en un lugar cálido y sin corrientes de aire para que suba hasta que se duplique, lo que demora unos 40 minutos.

c) Para la masa:

d) Una vez que la masa inicial haya duplicado su tamaño, haz la masa. Coloque la harina y la sal en el tazón de su batidora y bata para combinar bien.

e) Agregue la miel, los huevos, la mantequilla y el entrante cocido al bol. Mezcle a velocidad baja con el gancho para masa hasta que se combinen.

f) Aumente la velocidad de la batidora a media y amase durante unos 5 minutos. La masa quedará pegajosa pero debe quedar suave y elástica.

g) Rocíe ligeramente una espátula de silicona con aceite de cocina en aerosol y raspe los lados del tazón.

h) Transfiera la masa a un tazón ligeramente engrasado o a un balde de fermentación lo suficientemente grande como para que la masa duplique su tamaño. Cúbralo con un trozo de plástico engrasado (o con la parte superior engrasada de su cubo de prueba).

i) Coloca la masa en el frigorífico durante al menos 12 horas y hasta 5 días.

EL DÍA DEL HORNO:

j) Engrase bien dieciséis moldes para brioche en miniatura o moldes para muffins estándar y déjelos a un lado en una bandeja para hornear con borde.

k) Coloque la masa sobre una superficie ligeramente enharinada y amase hasta que quede suave.

l) Dividir la masa en dieciséis trozos iguales partiéndola progresivamente por la mitad. Dale forma redonda a cada pieza, haciendo una pieza un poco más pequeña que la otra. Coloca la ronda más pequeña encima de la más grande en cada molde, presionando ligeramente para que se adhieran.

m) Cubra los moldes en la bandeja para hornear con una envoltura de plástico engrasada y colóquelos en un lugar cálido y sin corrientes de aire para que crezcan hasta que dupliquen su tamaño (aproximadamente 1 hora).

n) Precalienta el horno a 350 °F unos 25 minutos antes de que la masa termine de crecer.

o) Una vez que los bollos hayan duplicado su tamaño, retire la envoltura de plástico, unte generosamente la parte superior con huevo batido y coloque la bandeja para hornear en el centro del horno precalentado.

p) Hornee los panecillos durante unos 15 minutos, o hasta que estén ligeramente dorados y registre 185 °F en el centro en un termómetro de lectura instantánea.

q) Deje que los bollos se enfríen brevemente antes de servir. ¡Disfruta de tus bollos brioche en miniatura!

BRIOCHE DE CHOCOLATE

4. Bollos de la mañana de brioche de cacao

INGREDIENTES:
ASCENSO
- 1⅓ tazas (160 g) de harina para todo uso
- 1¼ tazas de leche entera
- 1 cucharada. levadura instantanea

MASA
- 1 huevo grande
- 1¾ tazas de leche entera
- 1 cucharada. levadura instantanea
- ⅔ taza (133 g) de azúcar granulada
- ½ taza (42 g) de cacao en polvo sin azúcar
- 1 cucharada. más 1 cucharadita. sal kosher
- 5½ tazas (687 g) de harina para todo uso, y más para la superficie
- 2 cucharadas. mantequilla sin sal, temperatura ambiente, más 2¼ tazas (4¼ barras) de mantequilla sin sal, fría pero no fría

LLENADO Y MONTAJE
- Mantequilla sin sal, temperatura ambiente, para sartén
- Azúcar sin refinar, para sartén
- ⅓ taza (envasada, 66 g) de azúcar moreno oscuro
- 1 cucharada. canela molida
- 1 cucharadita sal kosher
- ⅓ taza (66 g) de azúcar granulada, y más para mezclar
- 3 onzas. chocolate amargo, partido en trozos pequeños
- 1 huevo grande

INSTRUCCIONES:
ASCENSO
a) Mezcle la harina, la leche y la levadura en el tazón de una batidora de pie hasta que se combinen (la mezcla quedará fina, como una masa). Deje crecer, sin tapar, en un lugar cálido hasta que duplique su tamaño, aproximadamente 1 hora.

MASA
b) Agregue el huevo, la leche y la levadura al fermento y colóquelo en la batidora. Colóquelo con el gancho para masa y bata a velocidad baja hasta que se combinen.

c) Agrega el azúcar granulada, el cacao en polvo, la sal, 5½ tazas (687 g) de harina para todo uso y 2 cucharadas. mantequilla a temperatura ambiente; mezcle a velocidad baja hasta que se forme una masa suave. Transfiera la masa a un tazón grande, cúbrala con un paño de cocina húmedo y déjela reposar en un lugar cálido hasta que duplique su tamaño, aproximadamente 1 hora.

d) Mientras tanto, mezcle 2¼ tazas (4¼ barras) de mantequilla fría en el tazón limpio de una batidora de pie con el accesorio de paleta a velocidad baja hasta que quede suave y untable pero aún fría. Colóquela sobre una hoja de papel pergamino y forme un pequeño rectángulo con la mantequilla con una espátula acodada. Cubra con otra hoja de papel pergamino y extienda la mantequilla hasta formar un rectángulo de 16x12". Enfríe la mantequilla hasta que la masa esté lista (debe mantener la mantequilla fría pero maleable; no deje que se ponga demasiado firme).

e) Coloque la masa sobre una superficie de trabajo generosamente enharinada y enrolle hasta formar un rectángulo de 24x12"; colóquela con el lado corto hacia usted. Destape la mantequilla y colóquela encima de la masa, alineándola a lo largo del borde cercano y cubriendo los dos tercios inferiores de la masa.

f) Dobla el tercio superior de la masa hacia arriba y sobre la mantequilla, luego dobla el tercio inferior hacia arriba y sobre (como una letra). Rápidamente, pero con cuidado, extienda la masa nuevamente hasta obtener un rectángulo de 24 x 12 ", enharine la superficie de trabajo y use un rodillo según sea necesario para evitar que se pegue. (Si en algún momento la masa se vuelve demasiado pegajosa para manipularla o la mantequilla comienza a derretirse, enfríe en el refrigerador durante 20 minutos). y deje que se endurezca antes de continuar).

g) Vuelva a doblar la masa en tercios, envuélvala en papel encerado o plástico y déjela enfriar durante 1 hora.

h) Retire la masa del refrigerador y repita enrollar y doblar como se indicó anteriormente, una vez más. Corte la masa doblada en 3 rectángulos iguales y envuélvalos bien en plástico. Enfríe hasta que esté listo para usar.

i) Adelante: la masa se puede preparar con 1 día de anticipación. Manténgalo frío o congélelo hasta por 2 meses.

LLENADO Y MONTAJE

j) Cuando esté listo para hornear panecillos, unte generosamente con mantequilla las tazas de un molde para muffins gigante de 6 tazas; espolvorea generosamente cada taza con azúcar sin refinar. Mezcle el azúcar moreno, la canela, la sal y ⅓ de taza (66 g) de azúcar granulada en un tazón pequeño.

k) Trabajando con 1 trozo de masa, desenvuélvalo y enrolle hasta formar un rectángulo de 12x6" de aproximadamente ¾" de espesor. Corte en seis rectángulos de 6x2". Comenzando a ¼" de la parte superior de un lado corto, corte 2 ranuras a lo largo en un rectángulo de masa para crear 3 hebras iguales. Trence los mechones y espolvoree generosamente con la mezcla de azúcar moreno. Coloque 2 o 3 trozos pequeños de chocolate en la trenza y enróllelos, apilándolos sobre sí mismos. Coloque el panecillo, con la trenza hacia arriba, en el molde para muffins preparado. Repita con los 5 rectángulos restantes. Querrás usar un tercio de la mezcla de azúcar moreno y un tercio del chocolate, reservando el resto de la mezcla de azúcar moreno y el chocolate para las 2 piezas de masa restantes.

l) Precalienta el horno a 375°. Cubra los panecillos sin apretar con un paño de cocina o papel film y déjelos crecer hasta que dupliquen su tamaño, aproximadamente 30 minutos. (Como alternativa, deje que los bollos crezcan en el refrigerador durante la noche y hornee por la mañana. Si los panecillos no han subido notablemente en el refrigerador, déjelos reposar a temperatura ambiente de 30 a 60 minutos antes de hornearlos).

m) Batir el huevo y 2 cucharaditas. agua en un tazón pequeño. Unte la parte superior de los panecillos con huevo batido y hornee hasta que la parte superior esté inflada y haya desarrollado una capa exterior crujiente, aproximadamente 35 minutos. (Los panecillos desmoldados deben sonar ligeramente huecos al golpearlos). Déjelos enfriar en el molde durante 2 minutos, luego sáquelos suavemente del molde y transfiéralos a una rejilla. Déjelo reposar hasta que los bollos estén lo suficientemente fríos como para manipularlos.

n) Coloca un poco de azúcar granulada en un tazón mediano. Trabajando uno a la vez, mezcle los panecillos con azúcar y vuelva a colocarlos en la rejilla. Deja enfriar por completo.

o) Repita con los trozos restantes de masa o guarde el resto de la mezcla de canela y los trozos de chocolate por separado en recipientes herméticos a temperatura ambiente hasta que esté listo para hornear la masa restante.

5. Brioche de chocolate clásico

INGREDIENTES:
PARA LA MASA DE BRIOCHE:
- 2 3/4 tazas (330 g) de harina para todo uso
- 1 1/2 cucharaditas (4 g) de levadura instantánea
- 3 cucharadas (29 g) de azúcar granulada
- 1 1/4 (7 g) cucharaditas de sal
- 4 huevos grandes (200 g), ligeramente batidos a temperatura ambiente
- 1/4 taza (57 g) de leche entera, a temperatura ambiente
- 10 cucharadas (140 g) de mantequilla sin sal, a temperatura ambiente
- lavado de huevo

PARA EL RELLENO DE CHOCOLATE:
- 4 oz (113 g) de mantequilla sin sal, a temperatura ambiente
- 1/4 taza (50 g) de azúcar granulada
- 1/3 taza (40 g) de cacao en polvo
- 1 cucharada (21 g) de miel
- 1/4 cucharadita (1,4 g) de sal

INSTRUCCIONES:
PARA EL BRIOCHE:
a) En el tazón de una batidora de pie, combine la harina, la levadura, el azúcar y la sal. Agrega los huevos y la leche. Mezclar a velocidad media durante 5 minutos.
b) Raspe los lados, agregue harina si está pegajosa y continúe mezclando. Repita este proceso dos veces más.
c) Con la batidora a fuego lento, agrega la mitad de la mantequilla y mezcla. Raspe y agregue la mantequilla restante. Mezclar hasta que esté elástico y brillante.
d) Transfiera la masa a un bol enharinado, cubra y déjala reposar durante 1-2 horas. Presione los gases y refrigere durante la noche.

PARA EL RELLENO DE CHOCOLATE:
e) Con una batidora, bata la mantequilla blanda hasta que esté cremosa. Agrega el azúcar y bate hasta que quede esponjoso. Incorpora el cacao en polvo, la miel y la sal hasta incorporar.

ARMAR:

f) Divide la masa en cuatro trozos. Extienda una pieza hasta formar un rectángulo de 7" x 12".
g) Extienda una cuarta parte del relleno, dejando un borde de 1/2 ". Enrolle bien hasta formar un tronco. Repita con otras piezas.
h) Congele los troncos durante 5 minutos. Cortar por la mitad a lo largo, dejando la parte superior sin cortar. Trenza la masa.
i) Cepille con agua, forme un círculo y pellizque los extremos. Repita con la masa restante.
j) Dejar fermentar durante 1 hora. Precalienta el horno a 350°F/177°C.
k) Unte con huevo batido y hornee hasta que estén dorados, de 20 a 25 minutos.

6. Brioche de chocolate Babka

INGREDIENTES:
MASA:
- 4 1/4 tazas (530 gramos) de harina para todo uso, más un poco más para espolvorear
- 1/2 taza (100 gramos) de azúcar granulada
- 2 cucharaditas de levadura instantánea
- Ralladura de media naranja
- 3 huevos grandes (ligeramente batidos)
- 1/2 taza de agua (fría y extra si es necesario)
- 3/4 cucharadita de sal fina de mar o de mesa
- 2/3 taza de mantequilla sin sal (150 gramos o 5,3 onzas), a temperatura ambiente
- Aceite de girasol u otro neutro, para engrasar el bol

RELLENO:
- 4 1/2 onzas (130 gramos) de buen chocolate amargo (o aproximadamente 3/4 taza de chispas de chocolate amargo)
- 1/2 taza (120 gramos) de mantequilla sin sal
- Escasa 1/2 taza (50 gramos) de azúcar en polvo
- 1/3 taza (30 gramos) de cacao en polvo
- Pizca de sal
- 1/4 cucharadita de canela (opcional)

JARABE PARA GLASEAR:
- 1/4 taza de agua
- 4 cucharadas de azúcar granulada

INSTRUCCIONES:
HACER LA MASA:
a) En el tazón de su batidora, combine la harina, el azúcar y la levadura.
b) Agrega los huevos, 1/2 taza de agua y la ralladura de naranja. Mezclar con el gancho amasador hasta que se una. Agregue agua adicional si es necesario.
c) Con la batidora a fuego lento, agregue la sal y luego la mantequilla poco a poco. Mezclar a velocidad media durante 10 minutos hasta que quede suave.
d) Untar un bol grande con aceite, colocar la masa dentro, cubrir con film transparente y refrigerar durante al menos medio día, preferiblemente durante la noche.

HACER EL RELLENO:
e) Derrita la mantequilla y el chocolate hasta que quede suave. Agregue el azúcar en polvo, el cacao en polvo, la sal y la canela si lo desea.
f) Dejar enfriar.

ARMAR PANES:
g) Extienda la mitad de la masa sobre una encimera ligeramente enharinada hasta que tenga un ancho de 10 pulgadas.
h) Extienda la mitad de la mezcla de chocolate sobre la masa, dejando un borde de 1/2 pulgada. Enrolle la masa hasta formar un tronco y selle el extremo humedecido.
i) Repite el proceso con la otra mitad de la masa.
j) Recorta los extremos, corta cada tronco por la mitad a lo largo y colócalos uno al lado del otro sobre la encimera. Gíralos juntos.
k) Transfiera cada giro a moldes para pan preparados. Cubra y deje reposar durante 1 a 1 1/2 horas a temperatura ambiente.

HORNEAR Y TERMINAR LOS PANES:
l) Precalienta el horno a 375°F (190°C). Hornee durante 25-30 minutos, verificando que esté cocido.
m) Haga el almíbar simple hirviendo a fuego lento el azúcar y el agua hasta que se disuelva. Unte el almíbar sobre las babkas tan pronto como salgan del horno.
n) Deje enfriar hasta la mitad en la sartén, luego transfiéralo a una rejilla para enfriar para terminar de enfriar.
o) Los babkas se conservan durante unos días a temperatura ambiente o se pueden congelar para un almacenamiento más prolongado.

7.Pan Brioche Doble Chocolate

INGREDIENTES:
MASA DE BRIOCHE DE CHOCOLATE:
- 2 1/2 tazas de harina para todo uso
- 1/3 taza de cacao en polvo sin azúcar
- 1/4 taza de azúcar granulada
- 2 1/4 cucharaditas de levadura activa (1 paquete)
- 1 cucharadita de sal
- 3/4 taza de leche entera
- 1 huevo grande
- 4 cucharadas de mantequilla

RELLENO DE CHOCOLATE:
- 4 cucharadas de mantequilla, temperatura ambiente
- 1/3 taza de azúcar morena, envasada
- 1 cucharada de cacao en polvo sin azúcar
- 1 cucharadita de café expreso en polvo
- 2 onzas de chocolate amargo, finamente picado

OTRO:
- 2 cucharadas de mantequilla, ablandada (para preparar el molde para pan)
- 1 cucharada de azúcar granulada (para preparar el molde para pan)

INSTRUCCIONES:
a) En un tazón grande, combine 4 cucharadas de mantequilla y 3/4 taza de leche entera. Caliente hasta que la mantequilla esté completamente derretida.
b) Deje que la mantequilla y la leche se enfríen entre 100 y 110 grados. Agrega 1/4 taza de azúcar granulada y 1 paquete de levadura seca activa. Déjelo reposar durante unos 10 minutos hasta que la levadura esté burbujeante y espumosa.
c) Batir 1 huevo en el bol.
d) Tamiza 2 1/2 tazas de harina para todo uso, 1/3 de taza de cacao en polvo sin azúcar y 1 cucharadita de sal en el tazón. Mezclar hasta que comience a formarse una masa.
e) Transfiera la masa a una superficie enharinada y amase durante unos 5 minutos.
f) Transfiera la masa a un recipiente de vidrio grande ligeramente engrasado. Cubra bien con film transparente y

déjelo reposar durante 60-90 minutos o hasta que duplique su tamaño.
g) Enrolle la masa hasta formar un rectángulo grande. Unte 4 cucharadas de mantequilla blanda por toda la superficie.
h) En un plato pequeño, combine 1/3 de taza de azúcar morena, 1 cucharada de cacao en polvo sin azúcar y 1 cucharadita de espresso en polvo. Espolvorea la mezcla por toda la superficie, luego agrega 2 onzas de chocolate amargo finamente picado.
i) Enrolle la masa firmemente como un rollo de canela y pellizque la costura para sellar. Coloque la masa enrollada a lo largo, con la costura hacia abajo.
j) Cortar la masa enrollada por la mitad y trenzarla.
k) Prepare un molde para pan de 9"x5" cubriendo todo el interior con 2 cucharadas de mantequilla blanda y espolvoreando con 1 cucharada de azúcar granulada.
l) Transfiera el pan trenzado al molde preparado, metiendo los extremos hacia abajo. Cubrir con film transparente y dejar reposar en un lugar cálido durante 45 minutos.
m) Precalienta el horno a 350 grados. Una vez que la masa haya subido, hornee durante 25-28 minutos hasta que la parte superior se sienta firme y firme al tacto.
n) Transfiera el molde para pan a una rejilla para enfriar durante 10 minutos, luego transfiera el pan directamente a la rejilla para que se enfríe por completo. ¡Disfruta de tu brioche doble de chocolate!

8. Brioche de chocolate sin gluten

INGREDIENTES:
MASA DULCE:
- 1¾ tazas (245 g) de mezcla de harina para pan sin gluten de Kim
- ½ taza (100 g) de azúcar granulada
- 1 cucharadita de polvo para hornear
- 1 cucharada más ¾ de cucharadita (12 g) de levadura instantánea
- 1 cucharada (5 g) de cáscaras de psyllium enteras (o 1½ cucharaditas de cáscara de psyllium en polvo)
- ½ cucharadita de sal kosher
- ¾ taza (180 ml) de leche entera
- 6 cucharadas (85 g) de mantequilla, muy suave o derretida
- 1 huevo grande, a temperatura ambiente

CREMA PASTELERA:
- ½ taza (120 ml) de leche entera
- ½ taza (120 ml) de crema espesa
- 3 yemas de huevo grandes
- ¼ de taza (50 g) de azúcar granulada
- 2 cucharadas (15 g) de maicena
- 1 cucharadita de extracto de vainilla, pasta de vainilla o 1 vaina de vainilla, con las semillas raspadas
- 1 cucharada de mantequilla, ablandada

ASAMBLEA:
- 4 oz (113 g) de chocolate semidulce u oscuro, picado en trozos grandes
- ¼-½ cucharadita de canela molida, opcional

INSTRUCCIONES:
HACER MASA:
a) Combine todos los ingredientes en un tazón grande y bata o amase durante 5 minutos hasta que estén bien combinados.
b) Deje que la masa repose hasta que duplique su tamaño, 1-2 horas. Refrigere la masa durante al menos 6 horas, preferiblemente durante la noche.

HACER CREMA PASTELERA:

c) Calienta la leche entera y la crema espesa hasta que hierva a fuego lento. Batir las yemas de huevo, el azúcar, la maicena y la vainilla hasta que queden espesas y con forma de cinta.
d) Vierta lentamente un poco de la mezcla de leche en la mezcla de yemas de huevo, batiendo vigorosamente. Agrega el resto de la leche poco a poco.
e) Vierta la mezcla nuevamente en la cacerola y bata constantemente hasta que espese.
f) Retire del fuego, agregue la mantequilla y la vainilla. Refrigerar con film transparente tocando la nata.

PARA MONTAR LOS ROLLOS:
g) Amasar la masa brevemente sobre una superficie bien enharinada hasta que quede suave.
h) Enrolle hasta formar un rectángulo de 10x14 pulgadas de aproximadamente ¼ de pulgada de grosor.
i) Unte la crema pastelera enfriada sobre la masa. Espolvorea chocolate picado y canela (si lo deseas).
j) Enrolle bien, estilo rollo de gelatina. Estire el tronco un poco más desde el medio.
k) Cortar en 8 trozos iguales. Si está demasiado pegajoso, congélelo durante 10 minutos.
l) Coloque los panecillos en una fuente para horno, cubra y déjelos crecer hasta que doblen su tamaño, de 30 minutos a una hora.
m) Precalienta el horno a 350°F.
n) Retire el film plástico y hornee por unos 30 minutos o hasta que estén dorados.
o) Servir caliente. ¡Disfruta de tu brioche au chocolat sin gluten!

9. Brioche chino de chocolate

INGREDIENTES:
PARA LA MASA DE BRIOCHE:
- 375 g de harina
- 8 g de sal
- 40 g de azúcar
- 15 g de levadura de panadería fresca
- 4 huevos enteros, a temperatura ambiente
- 190 g de mantequilla sin sal, blanda
- 2 cucharadas de agua tibia

PARA EL LLENADO:
- 300 g de crema pastelera de vainilla
- 3cl de ron oscuro
- 150 g de chispas de chocolate amargo

PARA EL FINAL:
- 1 yema de huevo (para glasear)
- Azúcar en polvo

INSTRUCCIONES:
HACER MASA DE BRIOCHE:
a) Combine la harina, el azúcar y la sal en el recipiente de la batidora.
b) Diluir la levadura en agua tibia y reservar.
c) Coloca los huevos en el centro de la harina y amasa con el gancho amasador hasta que se forme una masa.
d) Agrega el huevo restante y amasa hasta que la masa esté suave.
e) Agregue la mantequilla ablandada y la levadura diluida, amase hasta que quede suave.
f) Deje reposar la masa hasta que duplique su tamaño (1,5 a 2 horas).
g) Refrigere la masa durante al menos 6 horas, preferiblemente durante la noche.

HACER CREMA PASTELERA:
h) Calienta la leche entera y la crema espesa hasta que hierva a fuego lento.
i) Batir las yemas de huevo, el azúcar, la maicena y la vainilla hasta que espese.
j) Vierta lentamente un poco de la mezcla de leche en la mezcla de yemas de huevo, batiendo vigorosamente.
k) Vierta la mezcla nuevamente en la cacerola, bata constantemente hasta que espese.
l) Agregue la mantequilla y la vainilla, luego refrigere con film transparente tocando la crema.

MONTAR EL BRIOCHE:

m) Dividir la masa en dos porciones, una de unos 200 gramos y la otra de unos 600 gramos.
n) Extienda la porción más pequeña para cubrir el fondo de un molde para pastel redondo.
o) Extienda la porción más grande formando un rectángulo y extienda la crema pastelera, las chispas de chocolate y luego enróllela.
p) Cortar el panecillo en 7 porciones iguales y colocarlas en el molde para bizcocho.
q) Deje reposar hasta que los panecillos llenen el molde.
r) Barniza la superficie con huevo batido y hornea a 180°C durante unos 25 minutos.
s) Espolvorea con azúcar glas cuando esté frío.

BRIOCHE ESPECIALIZADO

10. brioche de vainilla

INGREDIENTES:
- 3 Sobres de levadura seca activa
- ½ taza de leche tibia (aproximadamente 110 grados)
- 1 vaina de vainilla, partida
- 5 tazas de harina
- 6 huevos
- ½ taza de agua tibia (110 grados)
- 3 cucharadas de azúcar
- 2 cucharaditas de sal
- 3 Sticks más 2 cucharadas
- Mantequilla, temperatura ambiente
- 1 yema de huevo batida

INSTRUCCIONES:

a) Precalienta el horno a 400 grados F. Combina la levadura y la leche en un tazón pequeño y revuelve para disolver la levadura.

b) Agregue 1 taza de harina y mezcle para mezclar bien. Con un cuchillo, raspe la vaina de vainilla y agregue la pulpa a la mezcla de levadura.

c) Déjelo reposar a temperatura ambiente en un lugar cálido y sin corrientes de aire durante aproximadamente 2 horas para permitir la fermentación.

d) Coloque 2 tazas de harina en un tazón grande para mezclar. Agregue 4 huevos, uno a la vez, batiendo bien con la harina con una cuchara de madera con cada adición. La masa quedará pegajosa, espesa y esponjosa.

e) Agrega el agua, el azúcar y la sal y mezcla bien batiendo enérgicamente. Agrega 3 barras de mantequilla y mézclala con las manos hasta que esté bien mezclada. Agrega los 2 huevos restantes y mezcla bien con la masa. Agregue las 2 tazas restantes de harina y mezcle con la masa, rompiendo los grumos con los dedos. Agrega la mezcla de levadura.

f) Con las manos, amase e incorpore la masa madre a la masa. Continúe amasando y doblando hasta que todo esté bien mezclado, aproximadamente 5 minutos. La masa quedará pegajosa y húmeda. Cubrir con un paño limpio y dejar reposar en un lugar cálido y sin corrientes de aire hasta que duplique su tamaño, aproximadamente 2 horas.

g) Para hacer panes, unte ligeramente con mantequilla dos moldes para pan de 9x5x3 pulgadas con las 2 cucharadas de mantequilla restantes. Para hacer panecillos, unte con mantequilla 12 moldes para muffins de tamaño estándar. Con los dedos, golpea ligeramente la masa. Dividir la masa en 2 porciones iguales y colocar en los moldes.

h) Para los panecillos, divida la masa en 12 porciones iguales y colóquelas en los moldes para muffins. Pincelar la parte superior con yema de huevo. Cubra y deje reposar en un lugar cálido y sin corrientes de aire hasta que duplique su tamaño, aproximadamente 1 hora.

i) Hornea los panes durante 25 a 30 minutos y los panecillos durante 20 minutos, o hasta que estén dorados. Retire los moldes del horno y déjelos enfriar sobre rejillas. Saque los panes o panecillos de los moldes y déjelos enfriar completamente sobre la rejilla.

11.brioche de canela

INGREDIENTES:
- 1 paquete de levadura seca
- 1 cucharada de azúcar
- ¼ de taza de leche tibia
- 2 tazas de harina
- 1 cucharadita de sal
- ¼ taza de mantequilla congelada, cortada en trozos
- 2 huevos
- 2 cucharadas de mantequilla derretida
- 2 cucharadas de azúcar mezclada con
- 2 cucharaditas de canela

INSTRUCCIONES:
a) Espolvorea pasas sobre el azúcar con canela, por ejemplo. O espolvorea la masa extendida con chispas de chocolate, dóblala de la misma manera y obtendrás un delicioso dolor de chocolate. O untar la masa con cualquier tipo de mermelada de frutas... ya te haces una idea.

b) Combine la levadura, el azúcar y la leche en un tazón pequeño. Reservar para probar.

c) En un procesador de alimentos combine la harina, la sal y la mantequilla y presione para cortar finamente la mantequilla. Agregue la mezcla de levadura y presione nuevamente, luego agregue los huevos y procese hasta que la masa forme una bola que se separe limpiamente de los lados del tazón de trabajo y se desplace sobre la cuchilla. Procese 1 minuto. Luego retire la bola y colóquela en una tabla ligeramente enharinada y amase durante 1-2 minutos hasta que quede suave.

d) Forme una bola suave con la masa y colóquela en un tazón ligeramente engrasado, volteándola para cubrir todos los lados de la bola. Cubra sin apretar con una envoltura de plástico. Deje reposar en un lugar cálido para que suba hasta que duplique su volumen, aproximadamente de 1½ a 2 horas.

e) Alternativamente, coloque la bola de masa amasada en una bolsa de plástico para alimentos ligeramente sellada y refrigere durante la noche. La masa crecerá lentamente en una bolsa de plástico para alimentos y solo será necesario llevarla a temperatura ambiente antes de extenderla.

f) Cuando haya subido, golpee la masa y aplánela formando un rectángulo. Sobre una tabla ligeramente enharinada, extiéndala hasta que tenga ½" de grosor. Si la masa es cuadrada, córtela por la mitad. Unte la superficie superior con mantequilla derretida y espolvoree con azúcar y canela. Doble el lado largo del rectángulo de masa a ⅔ de la masa.

g) Doble el ⅓ restante de la masa como en la letra. Unte la parte superior con mantequilla y espolvoree nuevamente con azúcar y canela. Córtelo en secciones de 2" de ancho y transfiéralo a una bandeja para hornear sin engrasar. Déjelo crecer nuevamente hasta que esté hinchado, de 15 a 20 minutos.

h) Hornee a 350'F. 20-30 minutos, hasta que estén de color marrón claro.

12. Brioche de chile pimiento

INGREDIENTES:
- 3½ taza de harina para todo uso
- 1 paquete de levadura seca activa
- ½ cucharadita de chile rojo seco molido
- 1 cucharada de agua tibia
- 1½ cucharada de Azúcar
- 1½ cucharadita de sal
- ½ cucharadita de pimienta negra recién molida
- ¼ de taza de pimiento rojo; molido, picado, asado y pelado, a temperatura ambiente
- ½ libra de mantequilla ablandada sin sal; cortar en trozos pequeños, además
- 2 cucharadas de mantequilla blanda sin sal
- ⅓ taza de carne picada; chiles poblanos asados y frescos pelados a temperatura ambiente
- 5 huevos a temperatura ambiente
- 2 cucharadas de leche

INSTRUCCIONES:

a) En el tazón de una batidora eléctrica con paleta, combine la harina, el azúcar, la levadura, la sal, el chile molido y la pimienta negra; Golpea bien. Mezclar brevemente a velocidad baja. Aumente la velocidad a media y agregue el agua, la leche, los chiles poblanos y el pimiento morrón; Golpea bien.

b) Agrega los huevos, uno a la vez, mezclando bien después de cada adición. Cambie al gancho para masa y amase durante tres minutos.

c) La masa será muy pegajosa. Agregue la mantequilla a la masa, una pieza a la vez, y continúe amasando hasta que la masa esté suave y brillante y la mantequilla esté completamente incorporada, de 10 a 20 minutos. Transfiera la masa a un tazón ligeramente untado con mantequilla y voltéela para cubrirla uniformemente con mantequilla.

d) Cubra el tazón con papel film y deje que la masa suba en un lugar cálido hasta que haya duplicado su volumen, aproximadamente tres horas. Golpee la masa y colóquela sobre una superficie ligeramente enharinada.

e) Con las manos muy enharinadas, amase durante cinco minutos. Regrese a un tazón untado con mantequilla y voltee la masa para cubrirla uniformemente; cubra y enfríe la masa durante al menos seis horas o toda la noche en el refrigerador.
f) Saca la masa del frigorífico y dale forma a la masa fría en dos panes pequeños.
g) Colóquelo en dos moldes para pan de 4x9 pulgadas untados con mantequilla, cubra con un paño de cocina y déjelo reposar en un lugar cálido hasta que la masa llene los moldes para pan y no rebote cuando se presiona suavemente, aproximadamente una hora. Precalienta el horno a 375 grados.
h) Hornee los panes en el medio del horno hasta que estén dorados y suenen huecos al golpearlos, aproximadamente 30 minutos.
i) Retire los panes del horno y colóquelos sobre rejillas para que se enfríen.

13. Brioche especiado con cuajada de espino amarillo

INGREDIENTES:
- 1/2 pan brioche
- 125 g de azúcar en polvo
- 25 g de cardamomo molido
- 20 g de canela molida
- 5 g de nuez moscada molida
- 2 cucharadas de aceite de colza
- Cuajada de espino amarillo:
- 35 ml de jugo de espino amarillo
- 185 g de azúcar en polvo
- 1 huevo
- 55 g de mantequilla salada
- 10 g de harina de maíz

INSTRUCCIONES:
a) Reposar el jugo de espino amarillo con 100 g de azúcar durante 30 minutos.
b) Combine la mezcla de espino amarillo en una sartén fría con los ingredientes restantes, batiendo a fuego medio durante 6 minutos.
c) Retirar del fuego, batir por un minuto más.
d) Asegúrese de que la temperatura esté entre 80 y 85 °C y enfríe con una tapa puesta para evitar que se forme costra.
e) Precalienta el horno a 180°C/termostato de gas 4.
f) Cortar el pan brioche en rodajas y cortar 8 cubos de 4 x 4 cm cada uno.
g) Mezcle bien todos los ingredientes del brioche con especias (excepto el brioche).
h) Freír los dados de brioche en un poco de aceite de colza hasta que estén dorados por ambos lados.
i) Enrolle los cubos en la mezcla de azúcar especiada.
j) Colóquelo en una bandeja para hornear y hornee durante 10 a 15 minutos o hasta que se dore.
k) Sirva los cubos de brioche tibios y especiados con un tazón pequeño de cuajada de espino cerval preparada para mojar.

14. Bollos cruzados calientes de brioche especiados

INGREDIENTES:
MASA
- 600 g de harina común y algo más para amasar
- 75 g de azúcar en polvo
- 1 cucharadita de sal
- 7 g de levadura instantánea fácil de hornear
- 2 cucharaditas de canela molida
- 1/2 cucharadita de pimienta de Jamaica molida
- 1/2 cucharadita de jengibre molido
- 1/4 cucharadita de nuez moscada molida
- 125 ml de leche entera o semidesnatada
- 4 huevos grandes batidos
- 150 g de pasas
- 175 g de mantequilla sin sal a temperatura ambiente
- 80 g de piel mixta
- 2 naranjas – ralladura

CRUZ
- 100 g de harina común
- 90 mililitros de agua

VIDRIAR
- 2 cucharadas de azúcar en polvo
- 2 cucharadas de agua hervida

INSTRUCCIONES:
PARA LA MASA:
a) Coloque la harina, el azúcar, la sal, la levadura y las especias en un tazón grande y mezcle con una espátula de silicona hasta que se combinen. Luego hacer un hueco en el centro y verter la leche y los huevos batidos. Mezclar con la espátula hasta que se forme una masa rugosa. Luego, enharina tu superficie de trabajo y retirando la masa del bol, amasa durante 5 minutos hasta que la masa tenga una piel suave. Luego dejar reposar cinco minutos.

b) Mientras tanto, coloque las pasas en un recipiente pequeño resistente al calor y cúbralas con agua hirviendo. Luego reserve.

c) Agrega la mantequilla a la masa, una cucharada a la vez, amasando a medida que avanzas para que la mantequilla se combine por completo. Tendrás que volver a enharinar la superficie de trabajo varias veces, ya que la masa quedará muy pegajosa. (Si tiene un raspador de masa, esto también ayudará a maniobrar la masa). Este proceso debería tomar entre 10 y 15 minutos.

d) Una vez que se haya combinado toda la mantequilla, continúe amasando la masa durante 10 minutos más hasta que la masa esté suave, flexible y ya no pegajosa.

e) Escurre bien las pasas y luego mézclalas con la mezcla de cáscara y ralladura de naranja. Luego aplana un poco la masa y esparce sobre la fruta. Amasar un poco la masa para combinar bien la fruta; la masa quedará ligeramente húmeda. Engrase ligeramente un bol grande, coloque la masa dentro y cubra con film transparente. Deje reposar durante al menos una hora en un lugar cálido, hasta que la masa haya duplicado su tamaño.

f) Incline la masa probada sobre una superficie de trabajo ligeramente enharinada y golpee ligeramente hacia atrás para liberar el aire. Luego divídalo en 12 partes iguales y forme bolas. Coloque las bolas en una bandeja para hornear forrada con un poco de espacio para crecer. Luego dejar reposar durante 45 minutos en un lugar cálido, hasta que se hinche. Mientras tanto, precaliente el horno a 220C/200C Fan/Gas Mark 7.

PARA LAS CRUCES:

g) Mientras se prueban los bollos, haga la pasta combinando la harina y el agua en un tazón pequeño hasta que estén bien combinados. Luego colóquelo en una manga pastelera y corte el extremo para crear un agujero mediano.

h) Una vez que los panecillos hayan quedado asados, coloque líneas verticales y horizontales a lo largo de cada panecillo. Luego hornee por 20 minutos hasta que estén dorados.

PARA EL GLASEADO:

i) Una vez que los panecillos estén casi terminados de hornearse, combine el agua hirviendo y el azúcar en un tazón pequeño.

j) Saque los panecillos del horno y, con una brocha de repostería, unte el glaseado mientras aún está caliente.

k) Luego dejar enfriar sobre una rejilla para enfriar.

15.Pan de brioche con especias chai

INGREDIENTES:
PARA EL BRIOCHE:
- 250 ml (1 taza) de leche
- 1 1/2 cucharada de té chai de hojas sueltas
- 6 vainas de cardamomo machacadas
- 1 rama de canela
- anís de 2 estrellas
- 2 cucharaditas de ralladura de naranja fina
- 7 g de levadura seca en sobre
- 70 g (1/3 taza) de azúcar en polvo sin refinar
- 2 huevos
- 400 g (2 2/3 tazas) de harina de pan común
- 100 g de mantequilla, a temperatura ambiente, cortada en trozos de 1 cm

PARA EL LLENADO:
- 150 g de pistachos ligeramente tostados
- 150 g de mantequilla, a temperatura ambiente
- 70 g (1/3 taza) de azúcar en polvo sin refinar
- 55 g (1/4 taza) de azúcar moreno bien compactado
- 80 g de harina común
- 2 cucharaditas de jengibre molido
- 2 cucharaditas de canela molida
- 1/4 cucharadita de cardamomo molido
- 1/4 cucharadita de clavo molido
- 1 cucharada de semillas de amapola

PARA EL GLASEADO:
- 2 cucharadas de azúcar en polvo sin refinar
- 2 cucharadas de agua
- 2 cucharaditas de té chai de hojas sueltas

INSTRUCCIONES:
LECHE CON INFUSIÓN DE CHAI:
a) Combine la leche, el té chai, el cardamomo, la canela, el anís estrellado y la ralladura de naranja en una cacerola.
b) Llevar a ebullición y luego cocinar a fuego lento durante 2 minutos. Deje reposar durante 15 minutos para que se infunda y se enfríe un poco. Colar a través de un colador en una jarra.

MEZCLA DE LEVADURA:

c) Incorpora la levadura y 1 cucharada de azúcar a la mezcla de leche.
d) Déjelo reposar durante 10 minutos hasta que esté espumoso. Agrega el huevo.

MASA DE BRIOCHE:
e) Procese la harina y el azúcar restante hasta que se combinen.
f) Agrega la mezcla de leche y procesa hasta que la masa se una.
g) Con el motor en marcha, agregue la mantequilla gradualmente hasta que se forme una masa suave y pegajosa.
h) Coloque la masa sobre una superficie enharinada, amase hasta que quede suave y déjela reposar durante 1 hora hasta que duplique su tamaño.

RELLENO:
i) Procese los pistachos hasta que estén finamente picados.
j) Agregue la mantequilla, el azúcar, la harina, el jengibre, la canela, el cardamomo y el clavo. Procese hasta que se combinen.

MONTAJE Y PRUEBA:
k) Estire la masa hasta formar un rectángulo de 50 cm x 30 cm.
l) Extiende el relleno y espolvorea con semillas de amapola.
m) Enrolle hasta formar un tronco, córtelo por la mitad a lo largo y entrecruce las mitades para darle un efecto de torsión.
n) Colóquelo en un molde para pan engrasado, cubra y deje reposar durante 45 minutos.

HORNEANDO:
o) Precalentar el horno a 180C/160C con ventilador.
p) Hornea de 55 minutos a 1 hora o hasta que estén doradas y al pincharlas salga limpia.

ESMALTE CHAI:
q) En una cacerola, combine el azúcar, el agua y el té chai. Cocine a fuego lento hasta que el azúcar se disuelva y la mezcla se espese un poco.
r) Unte el pan caliente con el glaseado chai.
s) Deje que se enfríe un poco en la sartén durante 15 minutos antes de servir caliente.

16.Brioche De Azúcar Y Especias

INGREDIENTES:
PARA LA MASA DE BRIOCHE:
- 2 1/4 tazas (315 g) de harina para todo uso
- 2 1/4 tazas (340 g) de harina para pan
- 1 1/2 paquetes (3 1/4 cucharaditas) de levadura seca activa
- 1/2 taza más 1 cucharada (82 g) de azúcar
- 1 cucharada de sal
- 1/2 taza (120 g) de agua fría
- 5 huevos grandes
- 1 taza más 6 cucharadas (2 3/4 barras/310 g) de mantequilla sin sal a temperatura ambiente, cortada en aproximadamente 12 trozos

PARA LA ADORNO:
- 1/2 taza (100 g) de azúcar
- 1/2 cucharadita de canela molida
- 1/4 cucharadita de jengibre molido
- 1/4 cucharadita de nuez moscada molida
- Pellizcar clavo molido
- Pizca de sal
- 1/4 taza (56 g) de mantequilla sin sal, derretida

INSTRUCCIONES:
PARA LA MASA DE BRIOCHE:
a) En una batidora de pie equipada con un gancho para masa, combine la harina para todo uso, la harina para pan, la levadura, el azúcar, la sal, el agua y los huevos.
b) Batir a velocidad baja durante 3 a 4 minutos hasta que los ingredientes se unan.
c) Continúe batiendo a velocidad baja durante otros 3 a 4 minutos; la masa quedará rígida y seca.
d) A velocidad baja, agregue la mantequilla una pieza a la vez, asegurándose de que cada pieza esté completamente mezclada antes de agregar la siguiente.
e) Mezcle a velocidad baja durante unos 10 minutos, raspando ocasionalmente los lados y el fondo del tazón.
f) Aumente la velocidad a media; batir durante 15 minutos hasta que la masa esté pegajosa, suave y brillante.

g) Aumente la velocidad a media-alta; batir durante 1 minuto aproximadamente hasta que la masa tenga elasticidad.
h) Coloque la masa en un tazón grande engrasado, cúbrala con film transparente y déjela reposar en el refrigerador durante al menos 6 horas o toda la noche. La masa se puede congelar en este punto hasta por 1 semana.

PARA BOLLOS DE BRIOCHE:
i) Saca la mitad de la masa cuando estés lista para hacer los bollos.
j) Forre 10 tazas de un molde para muffins estándar de 12 tazas con papel para hornear o mantequilla y harina generosamente.
k) Sobre una superficie enharinada, presione la masa hasta formar un rectángulo de 10 x 5 pulgadas.
l) Corte la masa en 10 tiras iguales de 1 x 5 pulgadas, luego corte cada tira en 5 pedazos, lo que dará como resultado 50 cuadrados.
m) Coloque 5 cuadrados en cada molde para muffins, cúbralos con una envoltura de plástico y déjelos reposar en un lugar cálido durante aproximadamente 1 1/2 horas hasta que estén hinchados y suaves.
n) Precalienta el horno a 350°F; hornee de 25 a 35 minutos hasta que se doren.
o) Deje que los bollos se enfríen durante 5 a 10 minutos sobre una rejilla.

PARA LA ADORNO:
p) Combine el azúcar, las especias y la sal en un tazón pequeño.
q) Unte la parte superior de los panecillos con mantequilla derretida y enrolle en la mezcla de azúcar para cubrir uniformemente.
r) Es mejor servir los bollos dentro de las 4 horas posteriores a la cocción. Se pueden almacenar en un recipiente hermético hasta por 1 día y luego recalentar en un horno a 300°F durante 5 minutos.

17. Bollos de brioche con especias y cúrcuma

INGREDIENTES:
PARA LA MASA DE BRIOCHE:
- 2 1/4 tazas (315 g) de harina para todo uso
- 2 1/4 tazas (340 g) de harina para pan
- 1 1/2 paquetes (3 1/4 cucharaditas) de levadura seca activa
- 1/2 taza más 1 cucharada (82 g) de azúcar
- 1 cucharada de sal
- 1/2 taza (120 g) de agua fría
- 5 huevos grandes
- 1 taza más 6 cucharadas (2 3/4 barras/310 g) de mantequilla sin sal a temperatura ambiente, cortada en aproximadamente 12 trozos
- 1 1/2 cucharadita de cúrcuma molida (para darle un color vibrante y un sabor sutil)

PARA LA ADORNO:
- 1/2 taza (100 g) de azúcar
- 1/2 cucharadita de canela molida
- 1/4 cucharadita de jengibre molido
- 1/4 cucharadita de nuez moscada molida
- Pellizcar clavo molido
- Pizca de sal
- 1/4 taza (56 g) de mantequilla sin sal, derretida

INSTRUCCIONES:
PARA LA MASA DE BRIOCHE:
a) En una batidora de pie equipada con un gancho para masa, combine la harina para todo uso, la harina para pan, la levadura, el azúcar, la sal, el agua, los huevos y la cúrcuma molida.
b) Batir a velocidad baja durante 3 a 4 minutos hasta que los ingredientes se unan.
c) Continúe batiendo a velocidad baja durante otros 3 a 4 minutos; la masa quedará rígida y seca.
d) A velocidad baja, agregue la mantequilla una pieza a la vez, asegurándose de que cada pieza esté completamente mezclada antes de agregar la siguiente.
e) Mezcle a velocidad baja durante unos 10 minutos, raspando ocasionalmente los lados y el fondo del tazón.

f) Aumente la velocidad a media; batir durante 15 minutos hasta que la masa esté pegajosa, suave y brillante.
g) Aumente la velocidad a media-alta; batir durante 1 minuto aproximadamente hasta que la masa tenga elasticidad.
h) Coloque la masa en un tazón grande engrasado, cúbrala con film transparente y déjela reposar en el refrigerador durante al menos 6 horas o toda la noche. La masa se puede congelar en este punto hasta por 1 semana.

PARA BOLLOS DE BRIOCHE:
i) Saca la mitad de la masa condimentada con cúrcuma cuando esté lista para hacer los bollos.
j) Forre 10 tazas de un molde para muffins estándar de 12 tazas con papel para hornear o mantequilla y harina generosamente.
k) Sobre una superficie enharinada, presione la masa hasta formar un rectángulo de 10 x 5 pulgadas.
l) Corte la masa en 10 tiras iguales de 1 x 5 pulgadas, luego corte cada tira en 5 pedazos, lo que dará como resultado 50 cuadrados.
m) Coloque 5 cuadrados en cada molde para muffins, cúbralos con una envoltura de plástico y déjelos reposar en un lugar cálido durante aproximadamente 1 1/2 horas hasta que estén hinchados y suaves.
n) Precalienta el horno a 350°F; hornee de 25 a 35 minutos hasta que se doren.
o) Deje que los bollos se enfríen durante 5 a 10 minutos sobre una rejilla.
p) Combine el azúcar, las especias y la sal en un tazón pequeño.
q) Unte la parte superior de los panecillos con mantequilla derretida y enrolle en la mezcla de azúcar para cubrir uniformemente.

18. Brioche de remolino de azúcar y canela

INGREDIENTES:
- 3 1/4 tazas de harina para todo uso
- 1/4 taza de azúcar granulada
- 1 cucharadita de sal
- 1 paquete de levadura seca activa
- 1/2 taza de leche tibia
- 3 huevos grandes
- 1 taza de mantequilla sin sal, ablandada
- 1/2 taza de azúcar moreno
- 2 cucharadas de canela molida

INSTRUCCIONES:
a) En un bol, combine la leche tibia y la levadura. Déjalo reposar durante 5 minutos hasta que esté espumoso.
b) En un tazón grande, mezcle la harina, el azúcar granulada y la sal. Agregue la mezcla de levadura y los huevos, amase hasta que quede suave.
c) Incorporar la mantequilla blanda y amasar hasta que la masa esté elástica.
d) Tapar y dejar crecer hasta que duplique su tamaño.
e) Estirar la masa, untar azúcar moreno y canela y luego enrollarla formando un tronco.
f) Cortar en porciones, colocar en una sartén engrasada y dejar crecer nuevamente.
g) Hornee a 350°F (175°C) durante 25-30 minutos.

19. Rollitos de brioche con nuez moscada y pasas

INGREDIENTES:
- 4 tazas de harina para pan
- 1/4 taza de azúcar
- 1 cucharadita de sal
- 1 paquete de levadura instantánea
- 1 taza de leche tibia
- 3 huevos grandes
- 1/2 taza de mantequilla sin sal
- 1/2 taza de pasas
- 1 cucharadita de nuez moscada molida

INSTRUCCIONES:
a) Combine la harina, el azúcar y la sal en un tazón.
b) Mezcla la leche tibia, la levadura y déjala reposar durante 10 minutos.
c) Agregue los huevos, la mantequilla blanda, la nuez moscada y las pasas a la mezcla de harina.
d) Amasar hasta que quede suave, dejar crecer hasta que doble.
e) Forme rollos, colóquelos en una bandeja para hornear y déjelos crecer nuevamente.
f) Hornee a 375°F (190°C) durante 20-25 minutos.

20. Brioche con toque de naranja y cardamomo

INGREDIENTES:
- 3 1/2 tazas de harina para todo uso
- 1/4 taza de azúcar
- 1 cucharadita de sal
- 1 paquete de levadura seca activa
- 1 taza de leche tibia
- 3 huevos grandes
- 1/2 taza de mantequilla sin sal
- Ralladura de 1 naranja
- 1 cucharada de cardamomo molido

INSTRUCCIONES:
a) Mezclar la leche tibia y la levadura, dejar que forme espuma.
b) Combine la harina, el azúcar y la sal. Agrega la mezcla de levadura, los huevos, la mantequilla, el cardamomo y la ralladura de naranja. Amasar hasta que quede suave.
c) Déjala crecer, luego divide y dale forma a la masa.
d) Gira cada pieza y colócala en una sartén engrasada.
e) Deje que suba nuevamente y luego hornee a 350 °F (175 °C) durante 30 minutos.

21.Pan de brioche de pan de jengibre

INGREDIENTES:
- 4 tazas de harina para pan
- 1/3 taza de azúcar moreno
- 1 cucharadita de sal
- 1 paquete de levadura instantánea
- 1 taza de leche tibia
- 3 huevos grandes
- 1/2 taza de mantequilla sin sal
- 1/4 taza de melaza
- 1 cucharada de jengibre molido
- 1 cucharadita de canela molida

INSTRUCCIONES:
a) Disuelva la levadura en leche tibia, déjela reposar durante 5 minutos.
b) Mezcla la harina, el azúcar moreno, la sal, el jengibre y la canela.
c) Agregue la mezcla de levadura, los huevos, la mantequilla blanda y la melaza. Amasar hasta que quede suave.
d) Déjalo crecer, dale forma de pan y colócalo en un molde engrasado.
e) Deje que suba nuevamente y luego hornee a 375 °F (190 °C) durante 35 a 40 minutos.

22.Nudos de brioche de calabaza y especias

INGREDIENTES:
- 3 1/2 tazas de harina para todo uso
- 1/4 taza de azúcar
- 1 cucharadita de sal
- 1 paquete de levadura seca activa
- 1/2 taza de leche tibia
- 3 huevos grandes
- 1/2 taza de mantequilla sin sal, ablandada
- 1/2 taza de puré de calabaza
- 1 cucharadita de canela molida
- 1/2 cucharadita de nuez moscada molida

INSTRUCCIONES:
a) Mezclar la leche tibia y la levadura, dejar reposar.
b) Combine la harina, el azúcar, la sal, la canela y la nuez moscada.
c) Agregue la mezcla de levadura, los huevos, la mantequilla blanda y el puré de calabaza. Amasar hasta que quede suave.
d) Deje crecer, forme nudos y colóquelos en una bandeja para hornear.
e) Déjelo crecer nuevamente y luego hornee a 350 °F (175 °C) durante 25 a 30 minutos.

23. Remolinos de brioche con especias chai

INGREDIENTES:
- 4 tazas de harina para pan
- 1/4 taza de azúcar
- 1 cucharadita de sal
- 1 paquete de levadura instantánea
- 1 taza de té chai tibio (preparado y enfriado)
- 3 huevos grandes
- 1/2 taza de mantequilla sin sal, derretida
- 1 cucharada de canela molida
- 1/2 cucharadita de cardamomo molido

INSTRUCCIONES:
a) Prepara té chai y déjalo enfriar. Mezclar con la levadura y dejar reposar durante 10 minutos.
b) Combine la harina, el azúcar, la sal, la canela y el cardamomo.
c) Agrega la mezcla de chai, los huevos y la mantequilla derretida. Amasar hasta que quede suave.
d) Déjelo crecer, extiéndalo y esparza más canela y cardamomo.
e) Enrolle hasta formar un tronco, córtelo en espirales, colóquelo en una sartén y déjelo crecer nuevamente.
f) Hornee a 375°F (190°C) durante 20-25 minutos.

24.Muffins de brioche de sidra de manzana

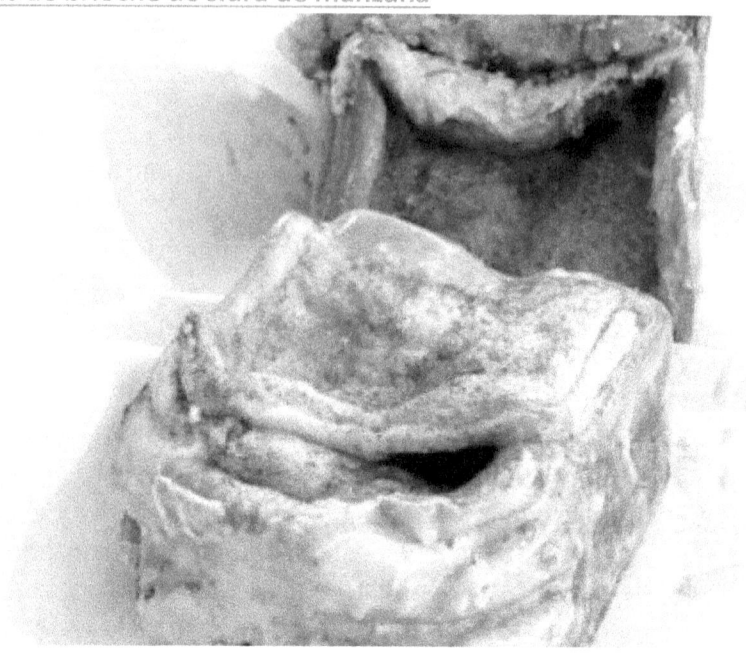

INGREDIENTES:
- 3 1/4 tazas de harina para todo uso
- 1/4 taza de azúcar
- 1 cucharadita de sal
- 1 paquete de levadura seca activa
- 1/2 taza de sidra de manzana tibia
- 3 huevos grandes
- 1/2 taza de mantequilla sin sal, ablandada
- 2 tazas de manzanas cortadas en cubitos (peladas)
- 1 cucharadita de canela molida

INSTRUCCIONES:
a) Mezcle sidra de manzana tibia y levadura, déjela hacer espuma.
b) Combine la harina, el azúcar, la sal y la canela.
c) Agregue la mezcla de levadura, los huevos, la mantequilla blanda y las manzanas cortadas en cubitos. Amasar hasta que quede suave.
d) Deje crecer, forme muffins y colóquelos en moldes para muffins.
e) Déjelo crecer nuevamente y luego hornee a 350 °F (175 °C) durante 20 a 25 minutos.

25. Corona de brioche de vainilla y cardamomo

INGREDIENTES:
- 4 tazas de harina para pan
- 1/3 taza de azúcar
- 1 cucharadita de sal
- 1 paquete de levadura instantánea
- 1 taza de leche tibia
- 3 huevos grandes
- 1/2 taza de mantequilla sin sal, derretida
- 1 cucharada de extracto de vainilla
- 1 cucharadita de cardamomo molido

INSTRUCCIONES:
a) Mezcla la leche tibia y la levadura, déjala reposar por 5 minutos.
b) Combine la harina, el azúcar, la sal y el cardamomo.
c) Agregue la mezcla de levadura, los huevos, la mantequilla derretida y el extracto de vainilla. Amasar hasta que quede suave.
d) Déjelo crecer, extiéndalo, forme una corona y colóquelo en una bandeja para hornear.
e) Deje que suba nuevamente y luego hornee a 375 °F (190 °C) durante 30 a 35 minutos.

BRIOCHE REGIONAL

26. Brioche francés clásico

INGREDIENTES:
- ¼ taza de leche entera
- 2 cucharaditas de levadura instantánea
- 4 huevos grandes, divididos
- 2⅔ tazas de harina para pan (o harina T55)
- 3 cucharadas de azúcar granulada
- 2 cucharaditas de sal kosher
- ⅔ taza de mantequilla sin sal, a temperatura ambiente (65 a 70 °F), y más para engrasar

INSTRUCCIONES:

a) Hacer la masa: En un tazón mediano, mezcle ligeramente la leche, la levadura y 3 huevos. Agrega la harina, el azúcar y la sal y revuelve hasta que se forme una masa peluda. Coloque la masa en una mesa limpia y amase durante 6 a 8 minutos (o transfiérala a una batidora y amase durante 4 a 5 minutos a velocidad baja) hasta que quede suave.

b) Regrese la masa al bol y mezcle la mantequilla poco a poco, ya sea a mano o con el gancho para masa, y continúe amasando hasta que la mantequilla esté bien incorporada.

c) Cubrir con una toalla y dejar reposar de 1 a 1½ horas a temperatura ambiente. La masa debe duplicar su tamaño. (Este tiempo variará dependiendo de la temperatura de su cocina).

FORMAR Y HORNEAR:

d) Transfiera el tazón al refrigerador durante al menos 2 horas antes de darle forma. Cuanto más fría esté la masa, más fácil y menos pegajosa será trabajar con ella.

e) Una vez que la masa esté fría, usa un raspador de banco para dividirla uniformemente en 6 partes iguales, usando una balanza si tienes una.

f) Espolvorea ligeramente la parte superior de cada pieza con harina.

g) Aplana suavemente una pieza de masa, luego usa las yemas de los dedos para tirar de los bordes de la masa hacia el centro y pellizca para darle forma redonda. Dale la vuelta a la ronda. Coloque la masa en su mano y, usando el agarre de su banco, gire la ronda contra la mesa para apretar la costura.

h) Espolvorea la parte superior con harina si es necesario para evitar que se pegue a tu mano. Trabaje rápidamente para evitar que la grasa se caliente demasiado rápido. Repita con las rondas restantes.
i) Engrase un molde para pan con mantequilla. Transfiera las rondas al molde con la costura hacia abajo, alineándolas de dos en dos. Cubra con una toalla y reserve durante 1½ a 2 horas, hasta que tenga una textura de malvavisco y duplique su volumen.
j) Después de 1 hora de fermentación, precalienta el horno a 375°F.
k) Batir el huevo restante con un chorrito de agua y untar suavemente este glaseado sobre el pan.
l) Hornee durante 30 a 35 minutos, hasta que el pan esté dorado y un termómetro insertado en el centro registre aproximadamente 200 °F.
m) Inmediatamente gire el pan sobre una rejilla para enfriar, gírelo hacia arriba y déjelo reposar durante 15 a 20 minutos antes de cortarlo.

27.Un brioche americano

INGREDIENTES:
- ½ taza de leche
- ½ taza de mantequilla
- ⅓ taza de azúcar
- 1 cucharadita de sal
- 1 paquete de levadura
- ¼ de taza de agua tibia
- 1 huevo; apartado
- 3 huevos enteros; vencido
- 3¼ taza de Harina; tamizado

INSTRUCCIONES:
a) Escaldar la leche y dejar enfriar hasta que esté tibia.
b) Batir la mantequilla, añadiendo el azúcar poco a poco. Agregue sal.
c) Ablanda la levadura en el agua.
d) Licuar la leche, la mezcla cremosa y la levadura. Agrega la yema, los huevos enteros y la harina y bate con una cuchara de madera durante 2 minutos.
e) Cubra y deje crecer en un lugar cálido hasta que duplique su volumen, aproximadamente 2 horas o menos.
f) Revuelva y bata bien. Cubra bien con papel de aluminio y refrigere durante la noche.
g) Precaliente el horno a temperatura caliente (425F); coloque la rejilla cerca de la parte inferior.
h) Revuelva la masa y colóquela sobre una tabla enharinada. Corta un poco menos de una cuarta parte de la masa y reserva.
i) Corta la masa restante en 16 trozos y forma bolas del mismo tamaño.
j) Colóquelo en un molde para muffins bien engrasado (2 /¾ x 1¼ pulgadas de profundidad).
k) Corta el trozo de masa más pequeño en 16 trozos y dale forma de bolas suaves. Humedezca ligeramente el dedo y haga una depresión en cada bola grande. Coloque una bolita en cada depresión. Cubra y deje crecer en un lugar cálido hasta que duplique su volumen, aproximadamente 1 hora.
l) Batir la clara restante con una cucharadita de azúcar. Unte sobre el brioche. Hornee hasta que se dore, o de 15 a 20 minutos.

28. Brioche suizo con chispas de chocolate

INGREDIENTES:
PARA LA MASA DE BRIOCHE:
- 3 1/4 tazas de harina para todo uso
- 1/4 taza de azúcar granulada
- 1 1/4 cucharaditas de levadura seca activa
- 1/2 taza de leche tibia
- 3 huevos grandes
- 1 cucharadita de sal
- 1 taza de mantequilla sin sal, ablandada

PARA RELLENAR:
- 1 a 1 1/2 tazas de chispas de chocolate suizo

PARA LAVADO DE HUEVOS:
- 1 huevo batido

INSTRUCCIONES:
ACTIVA LA LEVADURA:
a) En un tazón pequeño, combine la leche tibia y una pizca de azúcar. Espolvorea la levadura sobre la leche y déjala reposar durante 5 a 10 minutos hasta que esté espumosa.

PREPARAR LA MASA:
b) En un tazón grande, combine la harina, el azúcar y la sal. Hacer un hueco en el centro y agregar la mezcla de levadura activada y los huevos batidos. Mezclar hasta que se forme una masa pegajosa.

c) Agregue gradualmente la mantequilla ablandada, una cucharada a la vez, mezclando bien entre adiciones. Amasar la masa sobre una superficie enharinada durante unos 10-15 minutos hasta que quede suave y elástica.

PRIMER ASCENSO:
d) Coloca la masa en un bol ligeramente engrasado, cúbrela con film transparente o un paño húmedo y déjala reposar en un lugar cálido durante 1-2 horas o hasta que duplique su tamaño.

AGREGUE CHISPAS DE CHOCOLATE:
e) Golpee suavemente la masa cocida y amase con las chispas de chocolate suizo hasta que se distribuyan uniformemente.

f) Divida la masa en porciones iguales y déles la forma deseada: ya sea una hogaza, panecillos o cualquier otra forma que prefiera.

SEGUNDO ASCENSO:

g) Coloque la masa moldeada en una bandeja para hornear forrada con papel pergamino. Tapar y dejar reposar nuevamente durante aproximadamente 1 hora.

h) Precalienta tu horno a 350°F (180°C). Pincelar el brioche cocido con huevo batido para darle un acabado brillante.

HORNEAR:

i) Hornee en el horno precalentado durante 25-30 minutos o hasta que el brioche esté dorado y suene hueco al golpearlo en el fondo.

j) Deje que el brioche suizo con chispas de chocolate se enfríe sobre una rejilla antes de cortarlo y servirlo.

29. Brioche provenzal de limón y lavanda

INGREDIENTES:
PARA LA MASA DE BRIOCHE:
- 3 1/4 tazas de harina para todo uso
- 1/4 taza de azúcar granulada
- 1 1/4 cucharaditas de levadura seca activa
- 1/2 taza de leche tibia
- 3 huevos grandes
- 1 cucharadita de sal
- 1 taza de mantequilla sin sal, ablandada

PARA CONDIMENTAR:
- Ralladura de 2 limones
- 1 cucharada de lavanda culinaria seca (asegúrese de que sea apta para uso alimentario)

PARA LAVADO DE HUEVOS:
- 1 huevo batido

ESMALTE OPCIONAL:
- 1 taza de azúcar en polvo
- 2 cucharadas de jugo de limón
- 1 cucharadita de lavanda culinaria seca (opcional, para decorar)

INSTRUCCIONES:
ACTIVA LA LEVADURA:
a) En un tazón pequeño, combine la leche tibia y una pizca de azúcar. Espolvorea la levadura sobre la leche y déjala reposar durante 5 a 10 minutos hasta que esté espumosa.

PREPARAR LA MASA:
b) En un tazón grande, combine la harina, el azúcar, la sal, la ralladura de limón y la lavanda seca. Hacer un hueco en el centro y agregar la mezcla de levadura activada y los huevos batidos. Mezclar hasta que se forme una masa pegajosa.

c) Agregue gradualmente la mantequilla ablandada, una cucharada a la vez, mezclando bien entre adiciones. Amasar la masa sobre una superficie enharinada durante unos 10-15 minutos hasta que quede suave y elástica.

PRIMER ASCENSO:
d) Coloca la masa en un bol ligeramente engrasado, cúbrela con film transparente o un paño húmedo y déjala reposar en un lugar cálido durante 1-2 horas o hasta que duplique su tamaño.

FORMA Y SEGUNDA SUBIDA:
e) Golpee la masa cocida y déle la forma deseada: hogaza, panecillos u otra forma. Coloque la masa moldeada en una bandeja para hornear forrada con papel pergamino. Tapar y dejar reposar nuevamente durante aproximadamente 1 hora.
f) Precalienta tu horno a 350°F (180°C). Pincelar el brioche cocido con huevo batido para darle un acabado brillante.

HORNEAR:
g) Hornee en el horno precalentado durante 25-30 minutos o hasta que el brioche esté dorado y suene hueco al golpearlo en el fondo.
h) Si lo desea, mezcle el azúcar en polvo y el jugo de limón para hacer un glaseado. Rocíelo sobre el brioche enfriado y espolvoree con lavanda seca para decorar.
i) Deje que el brioche provenzal de limón y lavanda se enfríe sobre una rejilla antes de cortarlo y servirlo.

30. Brioche sureño de canela y nueces

INGREDIENTES:
PARA LA MASA DE BRIOCHE:
- 3 1/4 tazas de harina para todo uso
- 1/4 taza de azúcar granulada
- 1 1/4 cucharaditas de levadura seca activa
- 1/2 taza de leche tibia
- 3 huevos grandes
- 1 cucharadita de sal
- 1 taza de mantequilla sin sal, ablandada

PARA EL RELLENO DE CANELA Y PECAN:
- 1/2 taza de mantequilla sin sal, ablandada
- 1 taza de azúcar morena, envasada
- 2 cucharadas de canela molida
- 1 taza de nueces picadas

PARA LAVADO DE HUEVOS:
- 1 huevo batido

INSTRUCCIONES:
ACTIVA LA LEVADURA:
a) En un tazón pequeño, combine la leche tibia y una pizca de azúcar. Espolvorea la levadura sobre la leche y déjala reposar durante 5 a 10 minutos hasta que esté espumosa.

PREPARAR LA MASA:
b) En un tazón grande, combine la harina, el azúcar y la sal. Hacer un hueco en el centro y agregar la mezcla de levadura activada y los huevos batidos. Mezclar hasta que se forme una masa pegajosa.

c) Agregue gradualmente la mantequilla ablandada, una cucharada a la vez, mezclando bien entre adiciones. Amasar la masa sobre una superficie enharinada durante unos 10-15 minutos hasta que quede suave y elástica.

PRIMER ASCENSO:
d) Coloca la masa en un bol ligeramente engrasado, cúbrela con film transparente o un paño húmedo y déjala reposar en un lugar cálido durante 1-2 horas o hasta que duplique su tamaño.

PREPARAR EL RELLENO:
e) En un tazón mediano, mezcle la mantequilla ablandada, el azúcar morena, la canela molida y las nueces picadas para crear el relleno.
f) Golpee la masa leudada y extiéndala formando un rectángulo grande sobre una superficie enharinada. Extienda el relleno de canela y nueces de manera uniforme sobre la masa.
g) Enrolle la masa firmemente desde un lado largo para formar un tronco. Corta el tronco en bollos o rodajas del mismo tamaño.

SEGUNDO ASCENSO:
h) Coloque los bollos cortados en una bandeja para hornear forrada con papel pergamino. Tapar y dejar reposar durante aproximadamente 1 hora.
i) Precalienta tu horno a 350°F (180°C). Pincelamos los bollos cocidos con huevo batido para darles un acabado brillante.

HORNEAR:
j) Hornea en el horno precalentado durante 20-25 minutos o hasta que los panecillos estén dorados.
k) Deje que el brioche sureño de canela y nueces se enfríe sobre una rejilla antes de servir.

31. Brioche escandinavo de cardamomo y naranja

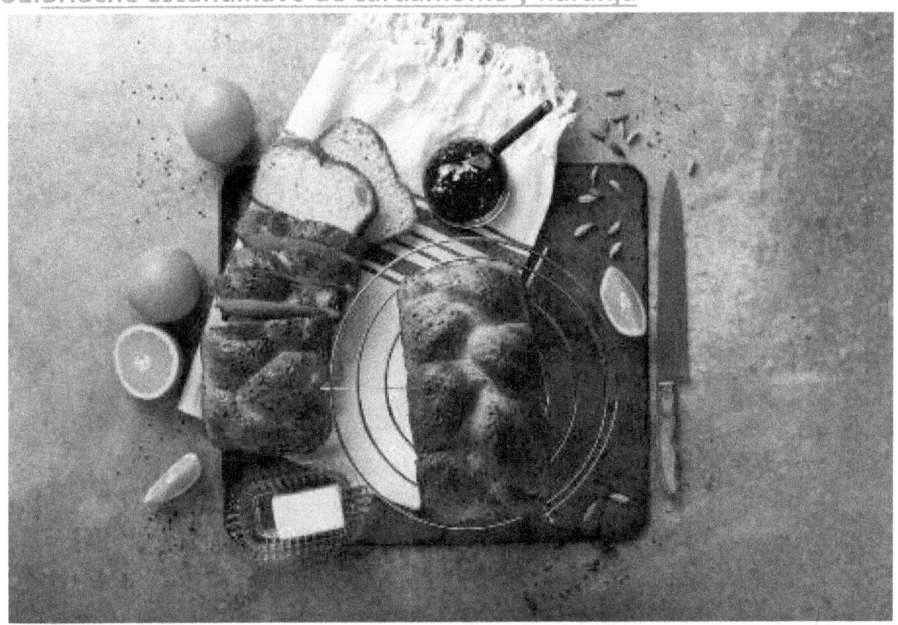

INGREDIENTES:
PARA LA MASA DE BRIOCHE:
- 3 1/4 tazas de harina para todo uso
- 1/4 taza de azúcar granulada
- 1 1/4 cucharaditas de levadura seca activa
- 1/2 taza de leche tibia
- 3 huevos grandes
- 1 cucharadita de sal
- 1 taza de mantequilla sin sal, ablandada

PARA EL RELLENO DE CARDAMOMO Y NARANJA:
- Ralladura de 2 naranjas
- 1 a 2 cucharadas de cardamomo molido (ajustar al gusto)
- 1/2 taza de azúcar granulada
- 1/4 taza de mantequilla sin sal, ablandada

PARA LAVADO DE HUEVOS:
- 1 huevo batido

ESMALTE OPCIONAL:
- 1 taza de azúcar en polvo
- 2 cucharadas de jugo de naranja
- Ralladura de naranja para decorar

INSTRUCCIONES:
ACTIVA LA LEVADURA:
a) En un tazón pequeño, combine la leche tibia y una pizca de azúcar. Espolvorea la levadura sobre la leche y déjala reposar durante 5 a 10 minutos hasta que esté espumosa.

PREPARAR LA MASA:
b) En un tazón grande, combine la harina, el azúcar, la sal, la ralladura de naranja y el cardamomo molido. Hacer un hueco en el centro y agregar la mezcla de levadura activada y los huevos batidos. Mezclar hasta que se forme una masa pegajosa.

c) Agregue gradualmente la mantequilla ablandada, una cucharada a la vez, mezclando bien entre adiciones. Amasar la masa sobre una superficie enharinada durante unos 10-15 minutos hasta que quede suave y elástica.

PRIMER ASCENSO:
d) Coloca la masa en un bol ligeramente engrasado, cúbrela con film transparente o un paño húmedo y déjala reposar en un lugar cálido durante 1-2 horas o hasta que duplique su tamaño.

PREPARAR EL RELLENO:
e) En un tazón pequeño, mezcle la ralladura de naranja, el cardamomo molido, el azúcar y la mantequilla blanda para crear el relleno.
f) Golpee la masa leudada y extiéndala formando un rectángulo grande sobre una superficie enharinada. Extienda el relleno de cardamomo y naranja uniformemente sobre la masa.
g) Enrolle la masa firmemente desde un lado largo para formar un tronco. Corta el tronco en bollos o rodajas del mismo tamaño.

SEGUNDO ASCENSO:
h) Coloque los bollos cortados en una bandeja para hornear forrada con papel pergamino. Tapar y dejar reposar durante aproximadamente 1 hora.
i) Precalienta tu horno a 350°F (180°C). Pincelamos los bollos cocidos con huevo batido para darles un acabado brillante.

HORNEAR:
j) Hornea en el horno precalentado durante 20-25 minutos o hasta que los panecillos estén dorados.
k) Si lo desea, mezcle el azúcar en polvo y el jugo de naranja para hacer un glaseado. Rocíelo sobre el brioche enfriado y espolvoree con ralladura de naranja para decorar.
l) Deje que el brioche escandinavo de cardamomo y naranja se enfríe sobre una rejilla antes de servir.

32.Brioche alsaciano Kugelhopf

INGREDIENTES:
- 3 1/2 tazas de harina para todo uso
- 1/4 taza de azúcar
- 1 cucharadita de sal
- 1 paquete de levadura seca activa
- 1/2 taza de leche tibia
- 3 huevos grandes
- 1/2 taza de mantequilla sin sal, ablandada
- 1/2 taza de pasas
- 1/4 taza de almendras picadas
- 1 cucharadita de extracto de almendras

INSTRUCCIONES:
a) Mezclar la leche tibia y la levadura, dejar reposar.
b) Combine la harina, el azúcar y la sal. Agregue la mezcla de levadura, los huevos y la mantequilla blanda. Amasar hasta que quede suave.
c) Incorpora las pasas, las almendras y el extracto de almendras.
d) Deje crecer, forme un molde tradicional Kugelhopf y déjelo crecer nuevamente.
e) Hornee a 350 °F (175 °C) durante 35 a 40 minutos.

33.Brioche de fougasse provenzal

INGREDIENTES:
- 3 1/4 tazas de harina para pan
- 1/4 taza de azúcar
- 1 cucharadita de sal
- 1 paquete de levadura instantánea
- 1/2 taza de agua tibia
- 3 huevos grandes
- 1/2 taza de aceite de oliva
- 1/4 taza de aceitunas negras picadas
- 1 cucharada de romero fresco picado

INSTRUCCIONES:
a) Disuelva la levadura en agua tibia, déjala reposar durante 5 minutos.
b) Combine la harina, el azúcar y la sal. Agregue la mezcla de levadura, los huevos y el aceite de oliva. Amasar hasta que quede suave.
c) Incorpora las aceitunas picadas y el romero.
d) Deje crecer, forme un patrón de Fougasse y déjelo crecer nuevamente.
e) Hornee a 375 °F (190 °C) durante 25 a 30 minutos.

34. Brioche sueco de azafrán Lussekatter

INGREDIENTES:
- 4 tazas de harina para todo uso
- 1/2 taza de azúcar
- 1 cucharadita de sal
- 1 paquete de levadura seca activa
- 1 taza de leche tibia
- 3 huevos grandes
- 1/2 taza de mantequilla sin sal, derretida
- 1/2 cucharadita de hebras de azafrán (remojadas en leche tibia)
- Pasas para decorar

INSTRUCCIONES:
a) Mezclar la leche tibia y la levadura, dejar que forme espuma.
b) Combine la harina, el azúcar y la sal. Agregue la mezcla de levadura, los huevos, la mantequilla derretida y la leche con azafrán. Amasar hasta que quede suave.
c) Deje crecer, forme rollos en forma de S (Lussekatter) y coloque las pasas encima.
d) Déjelo crecer nuevamente y luego hornee a 375 °F (190 °C) durante 20 a 25 minutos.

35. Brioche de panettone italiano

INGREDIENTES:
- 3 1/2 tazas de harina para pan
- 1/2 taza de azúcar
- 1 cucharadita de sal
- 1 paquete de levadura instantánea
- 1/2 taza de leche tibia
- 3 huevos grandes
- 1/2 taza de mantequilla sin sal, ablandada
- 1/2 taza de piel de naranja confitada
- 1/2 taza de pasas
- 1 cucharadita de extracto de vainilla

INSTRUCCIONES:
a) Disuelva la levadura en leche tibia, déjela reposar durante 5 minutos.
b) Combine la harina, el azúcar y la sal. Agregue la mezcla de levadura, los huevos, la mantequilla blanda y el extracto de vainilla. Amasar hasta que quede suave.
c) Incorpora la piel de naranja confitada y las pasas.
d) Deje crecer, forme un panettone redondo y déjelo crecer nuevamente.
e) Hornee a 350 °F (175 °C) durante 45 a 50 minutos.

36. Brioche japonés de melonpan y matcha

INGREDIENTES:
- 3 1/2 tazas de harina para pan
- 1/4 taza de azúcar
- 1 cucharadita de sal
- 1 paquete de levadura instantánea
- 1/2 taza de leche tibia
- 3 huevos grandes
- 1/2 taza de mantequilla sin sal, ablandada
- 2 cucharadas de matcha en polvo
- Cobertura de melonpan (masa para galletas)

INSTRUCCIONES:
a) Disuelva la levadura en leche tibia, déjala reposar durante 5 minutos.
b) Combine la harina, el azúcar, la sal y el matcha en polvo. Agregue la mezcla de levadura, los huevos y la mantequilla blanda. Amasar hasta que quede suave.
c) Deje crecer, divida en porciones y déle forma con la cobertura de melonpan.
d) Déjelo crecer nuevamente y luego hornee a 375 °F (190 °C) durante 20 a 25 minutos.

37.Brioche marroquí de azahar

INGREDIENTES:
- 3 1/4 tazas de harina para todo uso
- 1/4 taza de azúcar
- 1 cucharadita de sal
- 1 paquete de levadura seca activa
- 1/2 taza de agua tibia
- 3 huevos grandes
- 1/2 taza de mantequilla sin sal, derretida
- Ralladura de 2 naranjas
- 2 cucharadas de agua de azahar

INSTRUCCIONES:
a) Mezclar agua tibia y levadura, dejar reposar.
b) Combine la harina, el azúcar y la sal. Agrega la mezcla de levadura, los huevos, la mantequilla derretida, la ralladura de naranja y el agua de azahar. Amasar hasta que quede suave.
c) Deje crecer, forme una hogaza redonda y déjela crecer nuevamente.
d) Hornee a 350°F (175°C) durante 30-35 minutos.

38. Brioche indio de cardamomo y azafrán

INGREDIENTES:
- 4 tazas de harina para pan
- 1/3 taza de azúcar
- 1 cucharadita de sal
- 1 paquete de levadura instantánea
- 1 taza de leche tibia
- 3 huevos grandes
- 1/2 taza de mantequilla sin sal, ablandada
- 1 cucharada de cardamomo molido
- 1/2 cucharadita de hebras de azafrán (remojadas en leche tibia)

INSTRUCCIONES:
a) Disuelva la levadura en leche tibia, déjela reposar durante 5 minutos.
b) Combine la harina, el azúcar, la sal y el cardamomo molido. Agregue la mezcla de levadura, los huevos, la mantequilla blanda y la leche con azafrán. Amasar hasta que quede suave.
c) Deje crecer, forme una hogaza trenzada y déjela crecer nuevamente.
d) Hornee a 375 °F (190 °C) durante 25 a 30 minutos.

39.Brioche mexicano de chocolate y canela

INGREDIENTES:
- 3 1/2 tazas de harina para todo uso
- 1/4 taza de azúcar
- 1 cucharadita de sal
- 1 paquete de levadura seca activa
- 1/2 taza de leche tibia
- 3 huevos grandes
- 1/2 taza de mantequilla sin sal, derretida
- 1/4 taza de cacao en polvo
- 1 cucharada de canela molida
- 1/2 taza de chispas de chocolate

INSTRUCCIONES:
a) Mezclar la leche tibia y la levadura, dejar que forme espuma.
b) Combine la harina, el azúcar, la sal, el cacao en polvo y la canela molida. Agregue la mezcla de levadura, los huevos, la mantequilla derretida y las chispas de chocolate. Amasar hasta que quede suave.
c) Deje crecer, forme rollos individuales y déjelos crecer nuevamente.
d) Hornee a 350°F (175°C) durante 20-25 minutos.

BRIOCHE DE FRUTAS

40. Brioche de frutas y nueces

INGREDIENTES:
- 1 cucharada de levadura fresca
- 150 ml de leche tibia
- 250 gramos Harina
- 4 huevos batidos
- 1 pizca de sal
- 4 cucharadas de azúcar
- ½ taza de almendras
- ½ taza de avellanas
- ¼ taza de pasas o sultanas
- ⅓ taza de grosellas
- ⅓ taza de albaricoques secos, rebanados
- Unas cerezas glaseadas
- 170 gramos de mantequilla, ablandada pero no derretida

INSTRUCCIONES:

a) Precalienta el horno a 170C. Disuelva la levadura en la leche. Agrega la harina, los huevos, la sal, el azúcar, las nueces y la fruta.

b) Golpea bien. tapar y dejar reposar en un lugar cálido hasta que duplique su volumen.

c) Golpear, añadir la mantequilla y batir bien procurando que no queden grumos de mantequilla. Vierta en un molde para pan bien untado con mantequilla (la mezcla debe llenar el molde hasta la mitad). Deje que suba nuevamente hasta que el molde esté lleno hasta ¾ de su capacidad.

d) Hornear a 170 C hasta que al pinchar con una brocheta salga limpio, unos 20-25 minutos.

e) Dejar enfriar antes de cortar.

41.Bollos de natillas brioche con frutas de hueso y albahaca

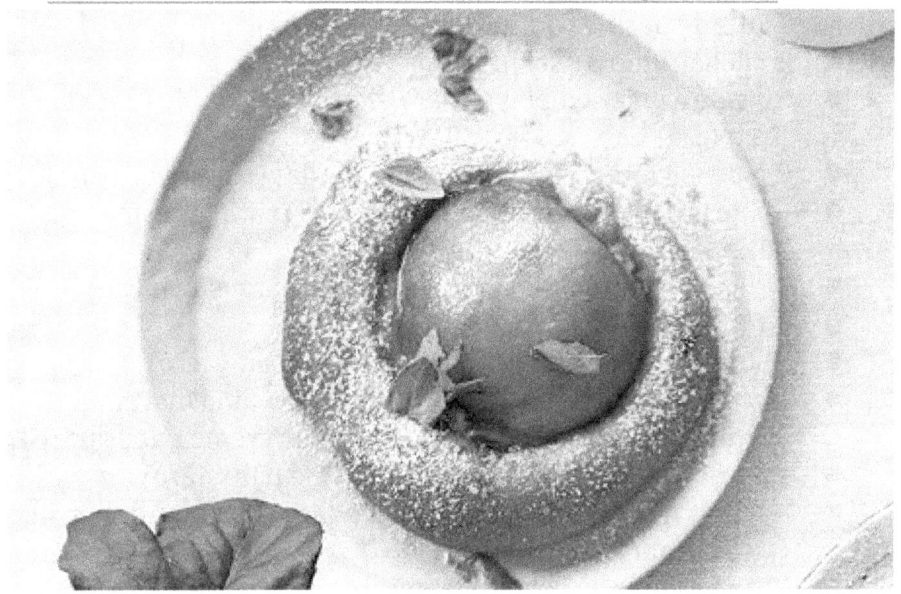

INGREDIENTES:
- 250 g de harina común (para el brioche)
- 1 cucharadita de sal fina (para el brioche)
- 30 g de azúcar en polvo (para el brioche) + 60 g (para la crema pastelera)
- 7 g de levadura seca (de acción rápida) (para el brioche)
- 3 huevos (para el brioche) + 3 yemas (para la crème pâtissière) + 1 huevo
- 180 g de mantequilla sin sal, blanda (para el brioche)
- 1 taza de aceite (para engrasar)
- 250ml de leche entera (para la crème pâtissière)
- ½ cucharadita de pasta de vainilla o ½ vaina de vainilla, partida por la mitad y raspada (para la crème pâtissière)
- 20 g de harina de maíz (para la crème pâtissière)
- 4 frutas maduras con hueso, partidas por la mitad y sin hueso (para armar)
- 2 cucharadas de azúcar demerara (para armar)
- ½ manojo de albahaca, solo las hojas, medio partidas (para armar)
- 1 taza de azúcar glas (para espolvorear)

INSTRUCCIONES:
PREPARACIÓN DE LA MASA DE BRIOCHE
a) Usando una batidora independiente con gancho para masa, combine la harina, la sal y el azúcar a velocidad baja.
b) Agregue la levadura, mezcle bien, luego incorpore los huevos y mezcle a fuego medio durante 10 minutos hasta que se forme una masa suelta.
c) Deja reposar la masa durante 5 minutos.
d) Agregue la mantequilla blanda y mezcle a fuego medio durante unos 10 minutos, raspando los lados del tazón con frecuencia.
e) Aumente ligeramente la velocidad y continúe mezclando durante unos 15 minutos hasta que la masa se vuelva elástica.
f) Coloque la masa sobre una superficie ligeramente engrasada, forme una bola y transfiérala a un recipiente grande ligeramente engrasado.

g) Tapar y dejar reposar a temperatura ambiente durante 1 hora. Empuje ligeramente hacia abajo para eliminar el aire, luego cubra y enfríe en el refrigerador durante la noche.

PREPARACIÓN DE CREMA PATISSIÈRE

h) En un cazo calentar la leche con la mitad del azúcar y la vainilla.
i) Batir las yemas, agregar el azúcar restante y tamizar la harina de maíz; batir juntos.
j) Vierta la leche hirviendo sobre la mezcla de huevo, batiendo constantemente.
k) Cocine a fuego medio, revolviendo, durante 4-5 minutos hasta que espese. Cocine por unos minutos más, luego retire del fuego.
l) Transfiera a un recipiente resistente al calor, cubra con film transparente y déjelo enfriar por completo.

MONTAJE DE FRUTAS DE HUESO Y ALBAHACA

m) Precalentar el horno a 200°C/180°C ventilador/gas 6.
n) Mezcle la fruta con hueso con azúcar y hojas de albahaca rasgadas.

HORNEANDO

o) Forre 2 bandejas para hornear con papel.
p) Amasar suavemente la masa, dividirla en 7, formar bolitas y espaciar en las bandejas, presionando ligeramente para formar discos.
q) Vierta 1 cucharada de crema pastelera en el medio de cada uno y cubra con la mitad de la fruta con hueso, con el lado cortado hacia abajo.
r) Pincelar la masa con huevo batido y hornear durante 17-20 minutos hasta que esté dorada.
s) Deje que se enfríe un poco, pele y deseche la piel de la fruta con hueso y termine con hojas de albahaca y un poco de azúcar glas.

42. Bollos de brioche de chocolate y maracuyá

INGREDIENTES:
PANECILLO:
- 250 g de harina de pan blanca fuerte
- 1/2 cucharadita de sal marina fina
- 1 cucharadita de levadura seca de acción rápida
- 20 g de azúcar en polvo
- Ralladura de 1 limón
- 125ml de leche entera
- 1 huevo grande + 1 para huevo batido
- 50 g de mantequilla sin sal, temperatura ambiente

CREMA PASTELERA DE MARACUAYA:
- 225 ml de puré de maracuyá
- 75 g de azúcar en polvo
- 20 g de harina de maíz
- 3 yemas de huevo grandes
- Una pizca de sal marina fina
- 20 g de mantequilla sin sal
- 100ml de nata doble
- 1 cucharadita de pasta de vainilla

GLASEADO DE CHOCOLATE:
- 50 g de chocolate con leche (alrededor del 50% de cacao)
- 50ml de nata doble
- 15ml de puré de maracuyá

INSTRUCCIONES:
PREPARACIÓN DE BRIOCHE:

a) En una cacerola pequeña para mantequilla, cocine 20 g de harina y 80 ml de leche a fuego medio hasta que se forme una pasta espesa. Dejar de lado.

b) En una batidora de pie, combine el resto de la harina, la sal, la levadura, el azúcar, la ralladura de limón, el resto de la leche, el huevo y la mezcla de harina cocida.

c) Mezclar a velocidad baja hasta que se forme una masa peluda. Continuar mezclando durante 10-15 minutos hasta que la masa esté elástica.

d) Agregue la mantequilla gradualmente, mezclando hasta que esté completamente incorporada y la masa esté suave.

e) Forme una bola, colóquela en un bol, cubra con film transparente y refrigere durante la noche.

CREMA PASTELERA DE MARACUAYA:
f) En una cacerola calentar el puré de maracuyá con la mitad del azúcar hasta que hierva a fuego lento.
g) En un recipiente aparte, mezcle el resto del azúcar y la harina de maíz. Agrega las yemas de huevo y la sal, batiendo hasta que quede suave.
h) Vierta el puré hirviendo a fuego lento sobre la mezcla de yemas, batiendo para evitar que se revuelva. Regrese a la sartén y cocine hasta que espese.
i) Agregue la mantequilla, revuelva hasta que se combinen, cubra con film transparente y refrigere.

MONTAJE DEL BOLLO:
j) El día del horneado, divida la masa de brioche en 8 trozos y forme bollos en una bandeja forrada con papel pergamino. Prueba hasta que se duplique.
k) Precalentar el horno a 200ºC (Ventilador de 180ºC). Unte los panecillos con huevo y hornee durante 15-20 minutos hasta que estén dorados. Fresco.
l) Batir la crema pastelera fría hasta que quede suave. En un recipiente aparte, bata la crema y la vainilla hasta obtener picos suaves. Combina con las natillas.
m) Con una manga pastelera, llene cada panecillo con la crema hasta que quede un poco pesado.
n) Para el glaseado, derrita el chocolate y la crema, agregue el puré de maracuyá. Sumerge los bollos en la ganache y déjalos reposar.
o) Opcionalmente, decora con chocolate rallado, cacao en polvo o maracuyá liofilizado en polvo.
p) Cubiertos, los bollos se pueden almacenar durante 2-3 días. ¡Disfruta de la divina combinación de chocolate y maracuyá!

43. Corona de brioche de frutas confitadas y nueces

INGREDIENTES:
- 450 g de harina de pan blanca fuerte
- 1 cucharadita de sal marina
- 7 g de levadura seca en sobre
- 50 g de azúcar en polvo
- 100ml de leche entera
- 5 huevos medianos
- 190 g de mantequilla, cortada en cubitos y blanda
- 50 g de piel mixta
- 7 g de nueces picadas
- 125 g de mermelada de higos
- 25 g de nueces picadas (para espolvorear)

INSTRUCCIONES:
PREPARACIÓN DE LA MASA

a) Coloque la harina en el bol de una batidora equipada con un gancho para amasar.
b) Agrega sal por un lado y levadura y azúcar por el otro. Mezclar todo junto con el gancho amasador.
c) Calienta la leche hasta que esté tibia pero no demasiado y agrégala a la mezcla de harina con la batidora a velocidad media.
d) Agrega 4 huevos, uno a la vez, y mezcla bien después de cada adición. Mezclar durante 10 minutos.
e) Agregue gradualmente la mantequilla ablandada, unos cubos a la vez, hasta que se combinen y la masa esté muy suave (aproximadamente 5 minutos).
f) Raspe los lados y agregue la cáscara mixta y las nueces picadas hasta que se distribuyan uniformemente.
g) Cubra el recipiente con film transparente y déjelo reposar en un lugar cálido durante 1½-2 horas hasta que duplique su tamaño, luego refrigere durante 1 hora.

ASAMBLEA

h) Forre una bandeja para hornear grande con papel de hornear.
i) Dividir la masa en 8 porciones iguales y formar bolitas.
j) Coloque las bolas en un círculo en la bandeja con un espacio de 1-2 cm entre cada bola.
k) Cubrir con film transparente y dejar reposar durante 30 minutos hasta que duplique su tamaño y las bolas se unan.

HORNEANDO
l) Precalienta el horno a 180ºC (termostato de gas 4).
m) Unte ligeramente el brioche con el huevo batido restante.
n) Pica finamente las nueces restantes y espolvoréalas sobre el brioche.
o) Hornee durante 15-20 minutos hasta que esté dorado.
p) Dejar enfriar un poco y servir la mermelada de higos en un bol en el centro de la corona.

44. Brioche de arándanos y limón

INGREDIENTES:
- 3 1/2 tazas de harina para todo uso
- 1/4 taza de azúcar
- 1 cucharadita de sal
- 1 paquete de levadura seca activa
- 1/2 taza de leche tibia
- 3 huevos grandes
- 1/2 taza de mantequilla sin sal, ablandada
- Ralladura de 1 limón
- 1 taza de arándanos frescos o congelados

INSTRUCCIONES:
a) Mezclar la leche tibia y la levadura, dejar reposar.
b) Combine la harina, el azúcar, la sal y la ralladura de limón. Agregue la mezcla de levadura, los huevos y la mantequilla blanda. Amasar hasta que quede suave.
c) Incorpora suavemente los arándanos.
d) Deje crecer, forme una hogaza o panecillos y déjelo crecer nuevamente.
e) Hornee a 375 °F (190 °C) durante 25 a 30 minutos.

45. Rollitos de brioche de frambuesa y almendras

INGREDIENTES:
- 4 tazas de harina para pan
- 1/4 taza de azúcar
- 1 cucharadita de sal
- 1 paquete de levadura instantánea
- 1 taza de leche tibia
- 3 huevos grandes
- 1/2 taza de mantequilla sin sal, derretida
- 1 taza de frambuesas frescas o congeladas
- 1/2 taza de almendras en rodajas

INSTRUCCIONES:
a) Disuelva la levadura en leche tibia, déjela reposar durante 5 minutos.
b) Combine la harina, el azúcar y la sal. Agregue la mezcla de levadura, los huevos y la mantequilla derretida. Amasar hasta que quede suave.
c) Incorpora suavemente las frambuesas y las rodajas de almendras.
d) Dejar crecer, cortar en porciones y colocar en una fuente para horno.
e) Déjelo crecer nuevamente y luego hornee a 350 °F (175 °C) durante 20 a 25 minutos.

46. Twist de brioche de melocotón y vainilla

INGREDIENTES:
- 3 1/4 tazas de harina para todo uso
- 1/4 taza de azúcar
- 1 cucharadita de sal
- 1 paquete de levadura seca activa
- 1/2 taza de leche tibia
- 3 huevos grandes
- 1/2 taza de mantequilla sin sal, ablandada
- 2 duraznos maduros, cortados en cubitos
- 1 cucharada de extracto de vainilla

INSTRUCCIONES:
a) Mezclar la leche tibia y la levadura, dejar que forme espuma.
b) Combine la harina, el azúcar y la sal. Agregue la mezcla de levadura, los huevos, la mantequilla blanda, los duraznos cortados en cubitos y el extracto de vainilla. Amasar hasta que quede suave.
c) Deje crecer, divida en dos porciones y gírelas.
d) Colóquelo en un molde engrasado, déjelo crecer nuevamente y luego hornee a 375°F (190°C) durante 30-35 minutos.

47. Trenza De Brioche De Queso Crema Y Fresa

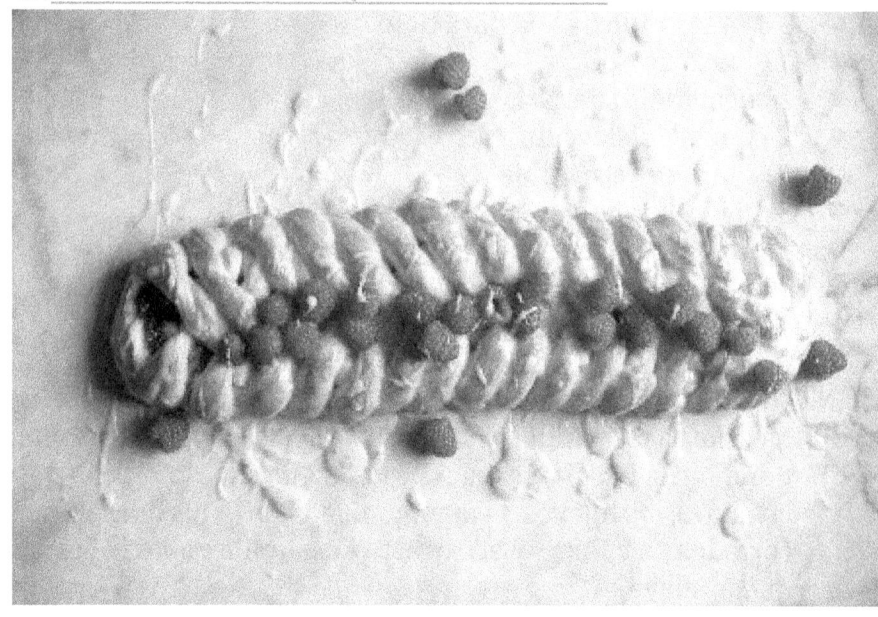

INGREDIENTES:
- 4 tazas de harina para pan
- 1/3 taza de azúcar
- 1 cucharadita de sal
- 1 paquete de levadura instantánea
- 1 taza de leche tibia
- 3 huevos grandes
- 1/2 taza de mantequilla sin sal, derretida
- 1 taza de fresas frescas, en rodajas
- 4 onzas de queso crema, ablandado
- 1/4 taza de azúcar en polvo

INSTRUCCIONES:
a) Disuelva la levadura en leche tibia, déjela reposar durante 5 minutos.
b) Combine la harina, el azúcar y la sal. Agregue la mezcla de levadura, los huevos y la mantequilla derretida. Amasar hasta que quede suave.
c) Estirar la masa, extender una capa de queso crema y colocar encima las fresas cortadas en rodajas.
d) Dobla la masa sobre el relleno, creando una trenza.
e) Deje crecer y luego hornee a 350 °F (175 °C) durante 25 a 30 minutos.

48.Remolinos de brioche de cereza y almendras

INGREDIENTES:
- 3 1/2 tazas de harina para todo uso
- 1/4 taza de azúcar
- 1 cucharadita de sal
- 1 paquete de levadura seca activa
- 1/2 taza de leche tibia
- 3 huevos grandes
- 1/2 taza de mantequilla sin sal, ablandada
- 1 taza de cerezas frescas o congeladas, sin hueso y partidas por la mitad
- 1/2 taza de almendras rebanadas

INSTRUCCIONES:
a) Mezclar la leche tibia y la levadura, dejar reposar.
b) Combine la harina, el azúcar, la sal y agregue la mezcla de levadura, los huevos y la mantequilla blanda. Amasar hasta que quede suave.
c) Incorpora suavemente las cerezas y las almendras en rodajas.
d) Deje crecer, extienda la masa, distribuya las cerezas y las almendras uniformemente y luego enrolle hasta formar un tronco.
e) Cortar en porciones, colocar en una sartén engrasada y dejar crecer nuevamente.
f) Hornee a 375 °F (190 °C) durante 25 a 30 minutos.

49. Rollitos de brioche de mango y coco

INGREDIENTES:
- 4 tazas de harina para pan
- 1/4 taza de azúcar
- 1 cucharadita de sal
- 1 paquete de levadura instantánea
- 1 taza de leche de coco tibia
- 3 huevos grandes
- 1/2 taza de mantequilla sin sal, derretida
- 1 taza de mango fresco, cortado en cubitos
- 1/2 taza de coco rallado

INSTRUCCIONES:
a) Disuelva la levadura en leche de coco tibia y déjela reposar durante 5 minutos.
b) Combine la harina, el azúcar y la sal. Agregue la mezcla de levadura, los huevos y la mantequilla derretida. Amasar hasta que quede suave.
c) Incorpora suavemente el mango cortado en cubitos y el coco rallado.
d) Dejar crecer, cortar en porciones y colocar en una fuente para horno.
e) Déjelo crecer nuevamente y luego hornee a 350 °F (175 °C) durante 20 a 25 minutos.

50. Brioche de tarta de queso con moras y limón

INGREDIENTES:
- 3 1/4 tazas de harina para todo uso
- 1/4 taza de azúcar
- 1 cucharadita de sal
- 1 paquete de levadura seca activa
- 1/2 taza de leche tibia
- 3 huevos grandes
- 1/2 taza de mantequilla sin sal, ablandada
- 1 taza de moras frescas
- 4 onzas de queso crema, ablandado
- Ralladura de 1 limón

INSTRUCCIONES:
a) Mezclar la leche tibia y la levadura, dejar que forme espuma.
b) Combine la harina, el azúcar y la sal. Agregue la mezcla de levadura, los huevos, la mantequilla blanda, el queso crema y la ralladura de limón. Amasar hasta que quede suave.
c) Incorpora suavemente las moras.
d) Deje crecer, forme una hogaza y déjela crecer nuevamente.
e) Hornee a 375°F (190°C) durante 30-35 minutos.

51. Corona de brioche de cítricos y kiwi

INGREDIENTES:
- 4 tazas de harina para pan
- 1/3 taza de azúcar
- 1 cucharadita de sal
- 1 paquete de levadura instantánea
- 1 taza de jugo de naranja tibio
- 3 huevos grandes
- 1/2 taza de mantequilla sin sal, derretida
- Ralladura de 1 naranja
- 2 kiwis, pelados y rebanados

INSTRUCCIONES:
a) Disuelva la levadura en jugo de naranja tibio y déjela reposar durante 5 minutos.
b) Combine la harina, el azúcar y la sal. Agrega la mezcla de levadura, los huevos, la mantequilla derretida y la ralladura de naranja. Amasar hasta que quede suave.
c) Deje crecer, extienda la masa y forme una corona.
d) Coloque las rodajas de kiwi encima, déjelas crecer nuevamente y luego hornee a 375 °F (190 °C) durante 30 a 35 minutos.

BRIOCHE DE VEGETALES

52. Brioches de pommes de terre

INGREDIENTES:
- 1½ libras de papas hirviendo, peladas y cortadas en cuartos
- 4 cucharadas de mantequilla sin sal, en cubos, a temperatura ambiente
- 3 yemas de huevo grandes
- ½ cucharadita de sal
- Pimienta blanca al gusto
- 1 cucharadita de leche
- 8 moldes de brioche en miniatura bien untados con mantequilla, fríos

INSTRUCCIONES:

a) En una tetera cubrir las patatas con agua fría y llevar a ebullición agua con sal. Cocine las patatas a fuego lento durante 12 a 15 minutos o hasta que estén tiernas. Escurrir las patatas y pasarlas por un pasapurés hasta colocarlas en un bol.

b) Agrega la mantequilla, 2 yemas de huevo, la sal y la pimienta blanca y deja enfriar la mezcla durante al menos 20 minutos o hasta 2 horas.

c) Precaliente el horno a 425 grados F.

d) Transfiera ¼ de taza de la mezcla a una superficie ligeramente enharinada, con las manos ligeramente enharinadas pellizque un trozo del tamaño de una canica y reserve. Enrolle la porción más grande hasta formar una bola suave y colóquela suavemente en uno de los moldes fríos. Haga una hendidura poco profunda suavemente en la parte superior de la bola, forme una bola suave con la porción reservada del tamaño de una canica y colóquela con cuidado en la hendidura.

e) En un tazón pequeño combine la última yema de huevo con la leche y unte el huevo batido sobre cada uno de los brioches, teniendo cuidado de que no se caiga por los lados del molde. Hornee en una bandeja para hornear durante 25 a 30 minutos, o hasta que estén dorados. Déjalas enfriar sobre una rejilla durante 20 minutos.

f) Afloje los bordes con una brocheta de metal e invierta para desmoldar con cuidado.

g) Se podrán realizar con un día de antelación. Guárdelo frío y tapado, y vuelva a calentarlo a 400 grados F durante 15 minutos.

53. Rollitos de brioche rellenos de espinacas y queso feta

INGREDIENTES:
- 3 1/2 tazas de harina para todo uso
- 1/4 taza de azúcar
- 1 cucharadita de sal
- 1 paquete de levadura seca activa
- 1/2 taza de leche tibia
- 3 huevos grandes
- 1/2 taza de mantequilla sin sal, ablandada
- 1 taza de espinacas frescas, picadas
- 1/2 taza de queso feta desmenuzado

INSTRUCCIONES:
a) Mezclar la leche tibia y la levadura, dejar reposar.
b) Combine la harina, el azúcar y la sal. Agregue la mezcla de levadura, los huevos y la mantequilla blanda. Amasar hasta que quede suave.
c) Incorpora suavemente las espinacas picadas y el queso feta.
d) Deje crecer, forme rollos y colóquelos en una fuente para horno.
e) Déjelo crecer nuevamente y luego hornee a 375 °F (190 °C) durante 20 a 25 minutos.

54. Tarta Brioche De Pimiento Rojo Asado Y Queso De Cabra

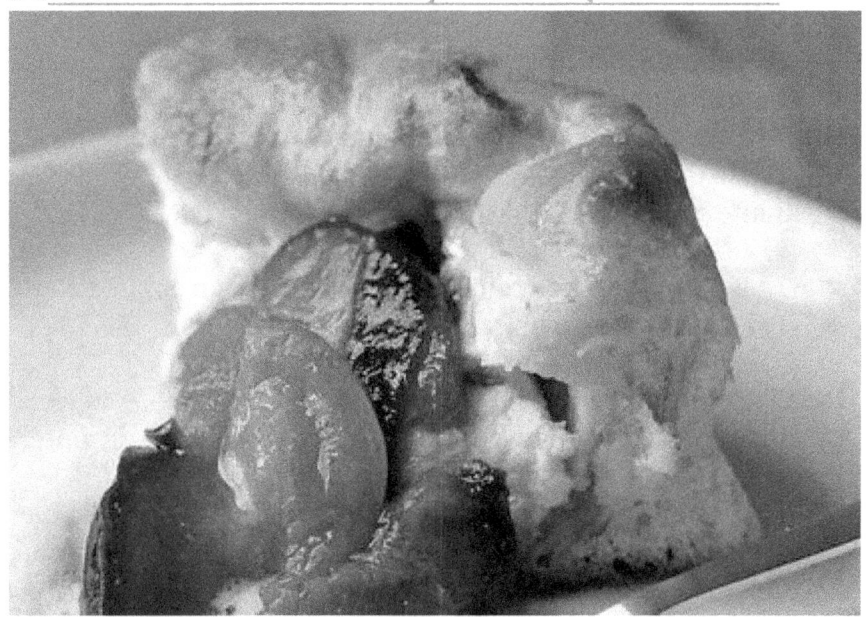

INGREDIENTES:
- 4 tazas de harina para pan
- 1/4 taza de azúcar
- 1 cucharadita de sal
- 1 paquete de levadura instantánea
- 1 taza de agua tibia
- 3 huevos grandes
- 1/2 taza de mantequilla sin sal, derretida
- 1 taza de pimientos rojos asados, cortados en cubitos
- 1/2 taza de queso de cabra desmenuzado

INSTRUCCIONES:
a) Disuelva la levadura en agua tibia, déjela reposar durante 5 minutos.
b) Combine la harina, el azúcar y la sal. Agregue la mezcla de levadura, los huevos y la mantequilla derretida. Amasar hasta que quede suave.
c) Incorpora suavemente los pimientos rojos asados cortados en cubitos y el queso de cabra.
d) Deje crecer, extienda la masa y colóquela en un molde para tarta.
e) Déjelo crecer nuevamente y luego hornee a 350 °F (175 °C) durante 25 a 30 minutos.

55. Trenza De Brioche De Champiñones Y Queso Suizo

INGREDIENTES:
- 3 1/4 tazas de harina para todo uso
- 1/4 taza de azúcar
- 1 cucharadita de sal
- 1 paquete de levadura seca activa
- 1/2 taza de leche tibia
- 3 huevos grandes
- 1/2 taza de mantequilla sin sal, ablandada
- 1 taza de champiñones, finamente picados
- 1 taza de queso suizo rallado

INSTRUCCIONES:
a) Mezclar la leche tibia y la levadura, dejar que forme espuma.
b) Combine la harina, el azúcar y la sal. Agregue la mezcla de levadura, los huevos y la mantequilla blanda. Amasar hasta que quede suave.
c) Incorpora suavemente los champiñones picados y el queso suizo rallado.
d) Dejar crecer, dividir en porciones y trenzar los trozos.
e) Colóquelo en una bandeja para hornear, déjelo crecer nuevamente y luego hornee a 375 °F (190 °C) durante 25 a 30 minutos.

56.Focaccia brioche de calabacín y parmesano

INGREDIENTES:
- 4 tazas de harina para pan
- 1/3 taza de azúcar
- 1 cucharadita de sal
- 1 paquete de levadura instantánea
- 1 taza de agua tibia
- 3 huevos grandes
- 1/2 taza de mantequilla sin sal, derretida
- 1 taza de calabacín rallado
- 1/2 taza de queso parmesano rallado

INSTRUCCIONES:
a) Disuelva la levadura en agua tibia, déjela reposar durante 5 minutos.
b) Combine la harina, el azúcar y la sal. Agregue la mezcla de levadura, los huevos y la mantequilla derretida. Amasar hasta que quede suave.
c) Incorpora suavemente el calabacín rallado y el queso parmesano.
d) Deje crecer, extienda la masa en un molde para hornear para formar una focaccia.
e) Déjelo crecer nuevamente y luego hornee a 350 °F (175 °C) durante 25 a 30 minutos.

57. Rollitos de brioche de tomates secados al sol y albahaca

INGREDIENTES:
- 3 1/2 tazas de harina para todo uso
- 1/4 taza de azúcar
- 1 cucharadita de sal
- 1 paquete de levadura seca activa
- 1/2 taza de leche tibia
- 3 huevos grandes
- 1/2 taza de mantequilla sin sal, ablandada
- 1/2 taza de tomates secados al sol, picados
- 1/4 taza de albahaca fresca, finamente picada

INSTRUCCIONES:
a) Mezclar la leche tibia y la levadura, dejar reposar.
b) Combine la harina, el azúcar y la sal. Agregue la mezcla de levadura, los huevos y la mantequilla blanda. Amasar hasta que quede suave.
c) Incorpora suavemente los tomates secados al sol picados y la albahaca fresca.
d) Deje crecer, forme rollos y colóquelos en una fuente para horno.
e) Déjelo crecer nuevamente y luego hornee a 375 °F (190 °C) durante 20 a 25 minutos.

58. Bollos de brioche rellenos de brócoli y queso cheddar

INGREDIENTES:
- 4 tazas de harina para pan
- 1/4 taza de azúcar
- 1 cucharadita de sal
- 1 paquete de levadura instantánea
- 1 taza de agua tibia
- 3 huevos grandes
- 1/2 taza de mantequilla sin sal, derretida
- 1 taza de floretes de brócoli, cocidos al vapor y picados
- 1 taza de queso cheddar rallado

INSTRUCCIONES:
a) Disuelva la levadura en agua tibia, déjela reposar durante 5 minutos.
b) Combine la harina, el azúcar y la sal. Agregue la mezcla de levadura, los huevos y la mantequilla derretida. Amasar hasta que quede suave.
c) Incorpora suavemente el brócoli picado y cocido al vapor y el queso cheddar rallado.
d) Deje crecer, forme bollos y colóquelos en una bandeja para hornear.
e) Déjelo crecer nuevamente y luego hornee a 350 °F (175 °C) durante 25 a 30 minutos.

59. Tarta Brioche De Cebolla Caramelizada Y Gruyère

INGREDIENTES:
- 3 1/4 tazas de harina para todo uso
- 1/4 taza de azúcar
- 1 cucharadita de sal
- 1 paquete de levadura seca activa
- 1/2 taza de leche tibia
- 3 huevos grandes
- 1/2 taza de mantequilla sin sal, ablandada
- 2 cebollas grandes, cortadas en rodajas finas y caramelizadas
- 1 taza de queso gruyere rallado

INSTRUCCIONES:
a) Mezclar la leche tibia y la levadura, dejar que forme espuma.
b) Combine la harina, el azúcar y la sal. Agregue la mezcla de levadura, los huevos y la mantequilla blanda. Amasar hasta que quede suave.
c) Incorpora suavemente las cebollas caramelizadas y el queso gruyere rallado.
d) Deje crecer, extienda la masa y colóquela en un molde para tarta.
e) Déjelo crecer nuevamente y luego hornee a 375 °F (190 °C) durante 30 a 35 minutos.

60. Molinillos de brioche de alcachofas y pesto

INGREDIENTES:
- 4 tazas de harina para pan
- 1/3 taza de azúcar
- 1 cucharadita de sal
- 1 paquete de levadura instantánea
- 1 taza de agua tibia
- 3 huevos grandes
- 1/2 taza de mantequilla sin sal, derretida
- 1 taza de corazones de alcachofa marinados, picados
- 1/4 taza de salsa pesto

INSTRUCCIONES:
a) Disuelva la levadura en agua tibia, déjela reposar durante 5 minutos.
b) Combine la harina, el azúcar y la sal. Agregue la mezcla de levadura, los huevos y la mantequilla derretida. Amasar hasta que quede suave.
c) Incorpora suavemente los corazones de alcachofa marinados picados y la salsa pesto.
d) Deje crecer, extienda la masa, esparza el pesto y las alcachofas de manera uniforme, luego enrolle hasta formar un tronco.
e) Cortar en molinetes, colocar en una bandeja para horno y dejar crecer nuevamente.
f) Hornee a 350°F (175°C) durante 20-25 minutos.

BRIOCHE CON QUESO

61. brioche de queso

INGREDIENTES:
- 1 taza de agua
- 2 onzas de margarina
- 1 cucharadita de sal
- 1 cucharadita de pimienta de cayena
- 1 taza de harina blanca sin blanquear, tamizada
- 3 huevos
- 3 onzas de queso gruyere, finamente picado

INSTRUCCIONES:
a) Precaliente el horno a 375 F. En una cacerola de 1 cuarto a fuego lento, hierva el agua, la margarina, la sal y la cayena. Cuando la margarina se derrita, baje el fuego. Agrega harina. La masa formará una bola.
b) Revuelva la bola con una cuchara de madera continuamente durante 2 a 3 minutos.
c) Raspe el fondo del molde con frecuencia para evitar que la masa se pegue. Retire del fuego y coloque la masa en un tazón grande para mezclar. Extiende la masa en el bol y deja enfriar durante 10 minutos.
d) Como tus manos pronto se pondrán muy pegajosas, coloca una bandeja para hornear grande cerca del tazón antes de comenzar el siguiente paso.
e) Cuando la masa esté lo suficientemente fría como para que los huevos no se cocinen en la masa, agregue todos los huevos a la masa. Triture a mano hasta que los huevos estén completamente mezclados. Agregue el queso y mezcle bien.
f) Coloque la bola de masa en el centro de una bandeja para hornear sin engrasar. Extienda la masa desde el centro para formar un anillo ovalado de 5 x 8 pulgadas.

62. Brioche De Pera Y Queso

INGREDIENTES:
PARA LA MASA:
- 1/5 taza de leche
- 5 huevos
- ⅓ taza de azúcar
- 3½ tazas de harina para todo uso
- 1½ cucharadita de levadura seca activa ½ cucharadita de sal
- Después del pitido:
- 1 taza de mantequilla congelada, cortada en cubitos

RELLENO:
- 1 pera
- 1 ⅓ tazas de queso crema

PARA ESMALTE:
- 1 huevo

INSTRUCCIONES:
a) Amasar la masa en una máquina de hacer pan. Lo sacamos, lo envolvemos con film de cocina y lo metemos en el frigorífico toda la noche.
b) Antes de empezar a cocinar los bollos, coloca la masa en un lugar cálido durante 1 hora.
c) Después de eso, corta la masa en 12 partes iguales. Pellizca un pequeño trozo de masa de cada una de las partes.
d) Forma esferas con los trozos de masa grandes y pequeños.
e) Coloque las esferas grandes en moldes para hornear cupcakes untados con mantequilla y presione con el dedo contra el centro de la parte superior para hacer un poco de profundidad.
f) Pelar y picar finamente 1 pera y mezclar con queso tierno. Hacer un hueco en la esfera grande de masa, poner el relleno dentro del hueco y taparlo con la esfera pequeña.
g) Cubrir con una toalla y dejar reposar y subir durante 1 hora.
h) Precalienta el horno a 350 grados F (180 grados C).
i) Cepilla la superficie de tus brioches con un huevo batido.
j) Hornee en el horno precalentado hasta que se doren durante 15-20 minutos.
k) Enfriar el brioche sobre la rejilla.

63.Brioche de tomates secos y mozzarella

INGREDIENTES:
- 1/2 taza de leche
- 5 huevos
- 1/3 taza de azúcar
- 3 1/2 tazas de harina para todo uso
- 1 1/2 cucharaditas de levadura seca activa
- 1/2 cucharadita de sal
- 1 taza de queso mozzarella rallado
- 1/2 taza de tomates secos (picados)
- 1 cucharadita de orégano seco
- 1 taza de mantequilla congelada, cortada en cubitos
- 1 huevo (para glasear)

INSTRUCCIONES:
a) En una máquina de hacer pan, combine la leche, los huevos, el azúcar, la harina, la levadura y la sal.
b) Después del amasado inicial, agregue la mantequilla congelada cortada en cubitos. Deje que la máquina de hacer pan complete el ciclo de masa.
c) Sacar la masa, envolverla con film de cocina y refrigerar durante la noche.
d) Antes de hornear, dejar reposar la masa en un lugar cálido durante 1 hora. Dividir en 12 partes.
e) Forme esferas con porciones grandes de masa y colóquelas en moldes para hornear cupcakes untados con mantequilla.
f) Presione el centro de cada esfera grande para crear una depresión.
g) Mezcle la mozzarella rallada con los tomates secados al sol picados y el orégano seco.
h) Rellena el hueco de cada esfera de masa con la mezcla de mozzarella, tomate secado al sol y orégano.
i) Cubrir con una toalla y dejar reposar una hora más para que suba.
j) Precalienta el horno a 350°F (180°C).
k) Batir un huevo y pincelar la superficie de cada brioche con el huevo batido.
l) Hornee durante 15-20 minutos o hasta que estén dorados.
m) Enfriar el brioche de tomate secado al sol y mozzarella sobre una rejilla.

64. Nudos de brioche de parmesano y ajo

INGREDIENTES:
- 1/2 taza de leche
- 5 huevos
- 1/3 taza de azúcar
- 3 1/2 tazas de harina para todo uso
- 1 1/2 cucharaditas de levadura seca activa
- 1/2 cucharadita de sal
- 1 taza de queso parmesano rallado
- 3 dientes de ajo (picados)
- 2 cucharadas de perejil fresco (picado)
- 1 taza de mantequilla congelada, cortada en cubitos
- 1 huevo (para glasear)

INSTRUCCIONES:
a) En una máquina de hacer pan, combine la leche, los huevos, el azúcar, la harina, la levadura y la sal.
b) Después del amasado inicial, agregue la mantequilla congelada cortada en cubitos. Deje que la máquina de hacer pan complete el ciclo de masa.
c) Sacar la masa, envolverla con film de cocina y refrigerar durante la noche.
d) Antes de hornear, dejar reposar la masa en un lugar cálido durante 1 hora. Dividir en 12 partes.
e) Forme nudos con cada porción para darle un toque único y colóquelos en una bandeja para hornear.
f) En un bol, mezcle el parmesano rallado, el ajo picado y el perejil fresco picado.
g) Enrolle cada nudo en la mezcla de parmesano, ajo y perejil, asegurándose de que queden bien cubiertos.
h) Cubrir con una toalla y dejar reposar una hora más para que suba.
i) Precalienta el horno a 350°F (180°C).
j) Batir un huevo y pincelar la superficie de cada nudo de brioche con el huevo batido.
k) Hornee durante 15-20 minutos o hasta que estén dorados.
l) Enfriar los nudos de brioche de parmesano y ajo sobre una rejilla.

65. Brioche relleno de tocino y queso cheddar

INGREDIENTES:
- 1/2 taza de leche
- 5 huevos
- 1/3 taza de azúcar
- 3 1/2 tazas de harina para todo uso
- 1 1/2 cucharaditas de levadura seca activa
- 1/2 cucharadita de sal
- 1 taza de tocino cocido y desmenuzado
- 1 taza de queso cheddar rallado
- 1 taza de mantequilla congelada, cortada en cubitos
- 1 huevo (para glasear)

INSTRUCCIONES:
a) En una máquina de hacer pan, combine la leche, los huevos, el azúcar, la harina, la levadura y la sal.
b) Después del amasado inicial, agregue la mantequilla congelada cortada en cubitos. Deje que la máquina de hacer pan complete el ciclo de masa.
c) Sacar la masa, envolverla con film de cocina y refrigerar durante la noche.
d) Antes de hornear, dejar reposar la masa en un lugar cálido durante 1 hora. Dividir en 12 partes.
e) Forme esferas con porciones grandes de masa y colóquelas en moldes para hornear cupcakes untados con mantequilla.
f) Presione el centro de cada esfera grande para crear una depresión.
g) Mezcle el tocino cocido y desmenuzado con queso cheddar rallado.
h) Rellena el hueco de cada esfera de masa con la mezcla de tocino y queso cheddar.
i) Cubrir con una toalla y dejar reposar una hora más para que suba.
j) Precalienta el horno a 350°F (180°C).
k) Batir un huevo y pincelar la superficie de cada brioche con el huevo batido.
l) Hornee durante 15-20 minutos o hasta que estén dorados.
m) Enfríe el brioche relleno de tocino y queso cheddar sobre una rejilla.

66. Rollitos de brioche de jalapeño y pepper jack

INGREDIENTES:
- 1/2 taza de leche
- 5 huevos
- 1/3 taza de azúcar
- 3 1/2 tazas de harina para todo uso
- 1 1/2 cucharaditas de levadura seca activa
- 1/2 cucharadita de sal
- 1 taza de queso Pepper Jack rallado
- 1/2 taza de jalapeños encurtidos (picados)
- 1 taza de mantequilla congelada, cortada en cubitos
- 1 huevo (para glasear)

INSTRUCCIONES:
a) En una máquina de hacer pan, combine la leche, los huevos, el azúcar, la harina, la levadura y la sal.
b) Después del amasado inicial, agregue la mantequilla congelada cortada en cubitos. Deje que la máquina de hacer pan complete el ciclo de masa.
c) Sacar la masa, envolverla con film de cocina y refrigerar durante la noche.
d) Antes de hornear, dejar reposar la masa en un lugar cálido durante 1 hora. Dividir en 12 partes.
e) Forme esferas con porciones grandes de masa y colóquelas en moldes para hornear cupcakes untados con mantequilla.
f) Presione el centro de cada esfera grande para crear una depresión.
g) Mezcle el queso Pepper Jack rallado con jalapeños encurtidos picados.
h) Rellena el hueco de cada esfera de masa con la mezcla de jalapeño y queso.
i) Cubrir con una toalla y dejar reposar una hora más para que suba.
j) Precalienta el horno a 350°F (180°C).
k) Batir un huevo y pincelar la superficie de cada brioche con el huevo batido.
l) Hornee durante 15-20 minutos o hasta que estén dorados.
m) Enfríe los rollitos de brioche de jalapeño y pepper jack sobre una rejilla.

67.Brioche de gouda y hierbas

INGREDIENTES:
- 1/2 taza de leche
- 5 huevos
- 1/3 taza de azúcar
- 3 1/2 tazas de harina para todo uso
- 1 1/2 cucharaditas de levadura seca activa
- 1/2 cucharadita de sal
- 1 taza de queso gouda rallado
- 1 taza de mantequilla congelada, cortada en cubitos
- 1 huevo (para glasear)
- 1 cucharada de hierbas mixtas

INSTRUCCIONES:
a) En una máquina de hacer pan, combine la leche, los huevos, el azúcar, la harina, la levadura y la sal.
b) Después del amasado inicial, agregue la mantequilla congelada cortada en cubitos. Deje que la máquina de hacer pan complete el ciclo de masa.
c) Sacar la masa, envolverla con film de cocina y refrigerar durante la noche.
d) Antes de hornear, dejar reposar la masa en un lugar cálido durante 1 hora. Dividir en 12 partes.
e) Forme esferas con porciones grandes de masa y colóquelas en moldes para hornear cupcakes untados con mantequilla.
f) Presione el centro de cada esfera grande para crear una depresión.
g) Mezcle el Gouda rallado con una mezcla de hierbas y llene el hueco con la mezcla.
h) Cubrir con una toalla y dejar reposar una hora más para que suba.
i) Precalienta el horno a 350°F (180°C).
j) Pincelamos la superficie de cada brioche con un huevo batido.
k) Hornee durante 15-20 minutos o hasta que estén dorados.
l) Enfriar el brioche sobre una rejilla.

68. Brioche de queso azul y nueces

INGREDIENTES:
- 1/2 taza de leche
- 5 huevos
- 1/3 taza de azúcar
- 3 1/2 tazas de harina para todo uso
- 1 1/2 cucharaditas de levadura seca activa
- 1/2 cucharadita de sal
- 1 taza de queso azul
- 1 taza de mantequilla congelada, cortada en cubitos
- 1 taza de nueces picadas
- 1 huevo (para glasear)

INSTRUCCIONES:
a) En una máquina de hacer pan, combine la leche, los huevos, el azúcar, la harina, la levadura y la sal.
b) Después del amasado inicial, agregue la mantequilla congelada cortada en cubitos. Deje que la máquina de hacer pan complete el ciclo de masa.
c) Sacar la masa, envolverla con film de cocina y refrigerar durante la noche.
d) Antes de hornear, dejar reposar la masa en un lugar cálido durante 1 hora. Dividir en 12 partes.
e) Forme esferas con porciones grandes de masa y colóquelas en moldes para hornear cupcakes untados con mantequilla.
f) Presione el centro de cada esfera grande para crear una depresión.
g) Desmenuza el queso azul y mézclalo con las nueces picadas.
h) Rellena el hueco de cada esfera de masa con la mezcla de queso azul y nueces.
i) Cubrir con una toalla y dejar reposar una hora más para que suba.
j) Precalienta el horno a 350°F (180°C).
k) Batir un huevo y pincelar la superficie de cada brioche con el huevo batido.
l) Hornee durante 15-20 minutos o hasta que estén dorados.
m) Enfriar el Brioche de Queso Azul y Nueces sobre una rejilla.

BRIOCHE DE NUECES

69. Brioche dulce con pasas y almendras

INGREDIENTES:
- 1 onza de levadura fresca
- 4 onzas de leche; hervido y enfriado a tibio
- ½ onza de sal fina
- 18 onzas de harina
- 6 huevos
- 12 onzas de mantequilla
- 3 onzas de azúcar
- 7 onzas de pasas
- 3 cucharadas de ron
- 4 onzas de almendras enteras; sin piel y tostado muy ligero
- 1 Yema de huevo mezclada con:
- 1 cucharada de leche
- Mantequilla para el molde
- Azúcar glas (azúcar en polvo) para espolvorear

INSTRUCCIONES:
a) Pon la levadura y la leche en el bol de tu batidora y bate ligeramente. Agrega la sal, luego la harina y los huevos. Enciende la batidora a velocidad media y trabaja la mezcla con el gancho amasador durante unos 10 minutos, hasta que la masa quede suave, elástica y con mucho cuerpo.
b) Mezcle la mantequilla y el azúcar, reduzca la velocidad de la batidora a baja y agregue la mezcla de mantequilla a la masa, poco a poco, trabajando la masa continuamente.
c) Cuando esté incorporada toda la mantequilla, aumenta la velocidad y mezcla de 8 a 10 minutos en la batidora o unos 15 minutos a mano, hasta que la masa quede muy suave y brillante. Debe ser flexible y bastante elástico y sobresalir de los lados del recipiente.
d) Cubra la masa con una bandeja para hornear y déjala en un lugar cálido, aproximadamente a 75 ° F durante 2 horas, hasta que haya duplicado su volumen.
e) Derriba la masa golpeándola con el puño no más de 2 o 3 veces. Cúbrelo con una bandeja para hornear y refrigera por al menos 4 horas, pero no más de 24 horas.
f) Preparación, pasas: Poner las pasas en un bol con el ron, tapar con film transparente y dejar macerar varias horas.

MOLDURA:

g) Unte con mantequilla generosamente el molde y coloque un tercio de las almendras en el fondo de los surcos.
h) Sobre una superficie ligeramente enharinada, extienda la masa fría formando un rectángulo estrecho lo suficientemente largo como para cubrir el fondo del molde.
i) Picar las almendras restantes y esparcirlas junto con las pasas remojadas en ron sobre la masa.
j) Estire la masa hasta darle forma de salchicha gruesa, presionándola firmemente. Colóquelo alrededor del fondo del molde y presione ligeramente.
k) Sellar los dos bordes con muy poca mezcla de yema y leche. Dejar en un lugar cálido. aproximadamente 77F durante aproximadamente 2½ horas, hasta que la masa haya subido hasta las tres cuartas partes del molde.
l) Precalienta el horno a 425F.
m) Hornea el brioche en el horno precalentado durante 10 minutos, luego baja la temperatura a 400F y cocina por otros 35 minutos. Si se empieza a dorar hacia el final, cúbrelo con papel vegetal.
n) Invierte el brioche caliente sobre una rejilla, retira con cuidado el molde y regrésalo al horno durante 5 minutos para que el centro termine de cocinarse y tome un ligero color. Dejar enfriar al menos 2 horas antes de servir.
o) Servir: Espolvorear ligeramente con azúcar glas.

70. Brioche de nueces y nueces y caramelo

INGREDIENTES:
- 1/2 taza de leche
- 5 huevos
- 1/3 taza de azúcar
- 3 1/2 tazas de harina para todo uso
- 1 1/2 cucharaditas de levadura seca activa
- 1/2 cucharadita de sal
- 1 taza de nueces picadas
- 1 taza de mantequilla congelada, cortada en cubitos
- 1/2 taza de salsa de caramelo
- 1 huevo (para glasear)

INSTRUCCIONES:
a) En una máquina de hacer pan, combine la leche, los huevos, el azúcar, la harina, la levadura y la sal.
b) Después del amasado inicial, agregue la mantequilla congelada cortada en cubitos.
c) Deje que la máquina de hacer pan complete el ciclo de masa.
d) Sacar la masa, envolverla con film de cocina y refrigerar durante la noche.
e) Antes de hornear, dejar reposar la masa en un lugar cálido durante 1 hora.
f) Divide la masa en 12 partes iguales.
g) Forme esferas con porciones grandes de masa y colóquelas en moldes para hornear cupcakes untados con mantequilla.
h) Mezcle las nueces picadas con la masa.
i) Forme 12 porciones con la masa y colóquelas en moldes para hornear cupcakes untados con mantequilla.
j) Presione el centro de cada esfera grande para crear una depresión.
k) Rellenar el hueco con un chorrito de salsa de caramelo.
l) Cubrir con una toalla y dejar reposar una hora más para que suba.
m) Precalienta el horno a 350°F (180°C).
n) Batir un huevo y pincelar la superficie de cada brioche con el huevo batido.
o) Hornee durante 15-20 minutos o hasta que estén dorados.
p) Enfríe el brioche de caramelo y nueces y nueces sobre una rejilla.

71. Rollitos de brioche de almendras y miel

INGREDIENTES:
- 1/2 taza de leche
- 5 huevos
- 1/3 taza de azúcar
- 3 1/2 tazas de harina para todo uso
- 1 1/2 cucharaditas de levadura seca activa
- 1/2 cucharadita de sal
- 1 taza de almendras rebanadas
- 1 taza de mantequilla congelada, cortada en cubitos
- 1/4 taza de miel
- 1 huevo (para glasear)

INSTRUCCIONES:
a) En una máquina de hacer pan, combine la leche, los huevos, el azúcar, la harina, la levadura y la sal.
b) Después del amasado inicial, agregue la mantequilla congelada cortada en cubitos.
c) Deje que la máquina de hacer pan complete el ciclo de masa.
d) Sacar la masa, envolverla con film de cocina y refrigerar durante la noche.
e) Antes de hornear, dejar reposar la masa en un lugar cálido durante 1 hora.
f) Divide la masa en 12 partes iguales.
g) Forme esferas con porciones grandes de masa y colóquelas en moldes para hornear cupcakes untados con mantequilla.
h) Incorpora las almendras rebanadas a la masa.
i) Forme 12 porciones con la masa y colóquelas en moldes para hornear cupcakes untados con mantequilla.
j) Presione el centro de cada esfera grande para crear una depresión.
k) Rocíe un poco de miel en el hueco de cada brioche.
l) Cubrir con una toalla y dejar reposar una hora más para que suba.
m) Precalienta el horno a 350°F (180°C).
n) Batir un huevo y pincelar la superficie de cada brioche con el huevo batido.
o) Hornee durante 15-20 minutos o hasta que estén dorados.
p) Enfriar los rollitos de brioche de almendras y miel sobre una rejilla.

72. Nudos de brioche de sirope de nuez y arce

INGREDIENTES:
- 1/2 taza de leche
- 5 huevos
- 1/3 taza de azúcar
- 3 1/2 tazas de harina para todo uso
- 1 1/2 cucharaditas de levadura seca activa
- 1/2 cucharadita de sal
- 1 taza de nueces picadas
- 1 taza de mantequilla congelada, cortada en cubitos
- 1/2 taza de jarabe de arce
- 1 huevo (para glasear)

INSTRUCCIONES:
a) En una máquina de hacer pan, combine la leche, los huevos, el azúcar, la harina, la levadura y la sal.
b) Después del amasado inicial, agregue la mantequilla congelada cortada en cubitos.
c) Deje que la máquina de hacer pan complete el ciclo de masa.
d) Sacar la masa, envolverla con film de cocina y refrigerar durante la noche.
e) Antes de hornear, dejar reposar la masa en un lugar cálido durante 1 hora.
f) Divide la masa en 12 partes iguales.
g) Forme esferas con porciones grandes de masa y colóquelas en moldes para hornear cupcakes untados con mantequilla.
h) Mezcle nueces picadas con la masa.
i) Forma nudos con la masa y colócalos en una bandeja para hornear.
j) Rocíe jarabe de arce sobre cada nudo de brioche.
k) Cubrir con una toalla y dejar reposar una hora más para que suba.
l) Precalienta el horno a 350°F (180°C).
m) Batir un huevo y pincelar la superficie de cada nudo de brioche con el huevo batido.
n) Hornee durante 15-20 minutos o hasta que estén dorados.
o) Enfríe los nudos de brioche de nuez y jarabe de arce sobre una rejilla.

73. Remolinos de brioche con chispas de chocolate y avellanas

INGREDIENTES:
- 1/2 taza de leche
- 5 huevos
- 1/3 taza de azúcar
- 3 1/2 tazas de harina para todo uso
- 1 1/2 cucharaditas de levadura seca activa
- 1/2 cucharadita de sal
- 1 taza de avellanas picadas
- 1 taza de mantequilla congelada, cortada en cubitos
- 1/2 taza de chispas de chocolate
- 1 huevo (para glasear)

INSTRUCCIONES:
a) En una máquina de hacer pan, combine la leche, los huevos, el azúcar, la harina, la levadura y la sal.
b) Después del amasado inicial, agregue la mantequilla congelada cortada en cubitos.
c) Deje que la máquina de hacer pan complete el ciclo de masa.
d) Sacar la masa, envolverla con film de cocina y refrigerar durante la noche.
e) Antes de hornear, dejar reposar la masa en un lugar cálido durante 1 hora.
f) Divide la masa en 12 partes iguales.
g) Forme esferas con porciones grandes de masa y colóquelas en moldes para hornear cupcakes untados con mantequilla.
h) Mezcle las avellanas picadas y las chispas de chocolate con la masa.
i) Extienda la masa formando un rectángulo y espolvoree uniformemente la mezcla de nueces y chocolate.
j) Enrolle la masa hasta formar un tronco y córtela en 12 rondas.
k) Coloque las rondas en moldes para hornear cupcakes untados con mantequilla.
l) Cubrir con una toalla y dejar reposar una hora más para que suba.
m) Precalienta el horno a 350°F (180°C).
n) Batir un huevo y cepillar la superficie de cada brioche con el huevo batido.
o) Hornee durante 15-20 minutos o hasta que estén dorados.
p) Enfríe los remolinos de brioche con chispas de chocolate y avellanas sobre una rejilla.

74. Brioche de anacardos y ralladura de naranja

INGREDIENTES:
- 1/2 taza de leche
- 5 huevos
- 1/3 taza de azúcar
- 3 1/2 tazas de harina para todo uso
- 1 1/2 cucharaditas de levadura seca activa
- 1/2 cucharadita de sal
- 1 taza de anacardos picados
- 1 taza de mantequilla congelada, cortada en cubitos
- Ralladura de 2 naranjas
- 1 huevo (para glasear)

INSTRUCCIONES:
a) En una máquina de hacer pan, combine la leche, los huevos, el azúcar, la harina, la levadura y la sal.
b) Después del amasado inicial, agregue la mantequilla congelada cortada en cubitos.
c) Deje que la máquina de hacer pan complete el ciclo de masa.
d) Sacar la masa, envolverla con film de cocina y refrigerar durante la noche.
e) Antes de hornear, dejar reposar la masa en un lugar cálido durante 1 hora.
f) Divide la masa en 12 partes iguales.
g) Forme esferas con porciones grandes de masa y colóquelas en moldes para hornear cupcakes untados con mantequilla.
h) Mezcle los anacardos picados y la ralladura de naranja con la masa.
i) Forme 12 porciones con la masa y colóquelas en moldes para hornear cupcakes untados con mantequilla.
j) Presione el centro de cada esfera grande para crear una depresión.
k) Cubrir con una toalla y dejar reposar una hora más para que suba.
l) Precalienta el horno a 350°F (180°C).
m) Batir un huevo y pincelar la superficie de cada brioche con el huevo batido.
n) Hornee durante 15-20 minutos o hasta que estén dorados.
o) Enfriar el brioche de anacardos y ralladura de naranja sobre una rejilla.

75. Nudos de brioche de mermelada de pistacho y frambuesa

INGREDIENTES:
- 1/2 taza de leche
- 5 huevos
- 1/3 taza de azúcar
- 3 1/2 tazas de harina para todo uso
- 1 1/2 cucharaditas de levadura seca activa
- 1/2 cucharadita de sal
- 1 taza de pistachos picados
- 1 taza de mantequilla congelada, cortada en cubitos
- Mermelada de frambuesa
- 1 huevo (para glasear)

INSTRUCCIONES:
a) En una máquina de hacer pan, combine la leche, los huevos, el azúcar, la harina, la levadura y la sal.
b) Después del amasado inicial, agregue la mantequilla congelada cortada en cubitos.
c) Deje que la máquina de hacer pan complete el ciclo de masa.
d) Sacar la masa, envolverla con film de cocina y refrigerar durante la noche.
e) Antes de hornear, dejar reposar la masa en un lugar cálido durante 1 hora.
f) Divide la masa en 12 partes iguales.
g) Forme esferas con porciones grandes de masa y colóquelas en moldes para hornear cupcakes untados con mantequilla.
h) Incorpora los pistachos picados a la masa.
i) Forma nudos con la masa y colócalos en una bandeja para hornear.
j) Haz una pequeña hendidura en cada nudo y rellénala con mermelada de frambuesa.
k) Cubrir con una toalla y dejar reposar una hora más para que suba.
l) Precalienta el horno a 350°F (180°C).
m) Batir un huevo y pincelar la superficie de cada nudo de brioche con el huevo batido.
n) Hornee durante 15-20 minutos o hasta que estén dorados.
o) Enfriar los nudos de brioche de mermelada de pistacho y frambuesa sobre una rejilla.

76. Remolinos de brioche de nuez de macadamia y coco

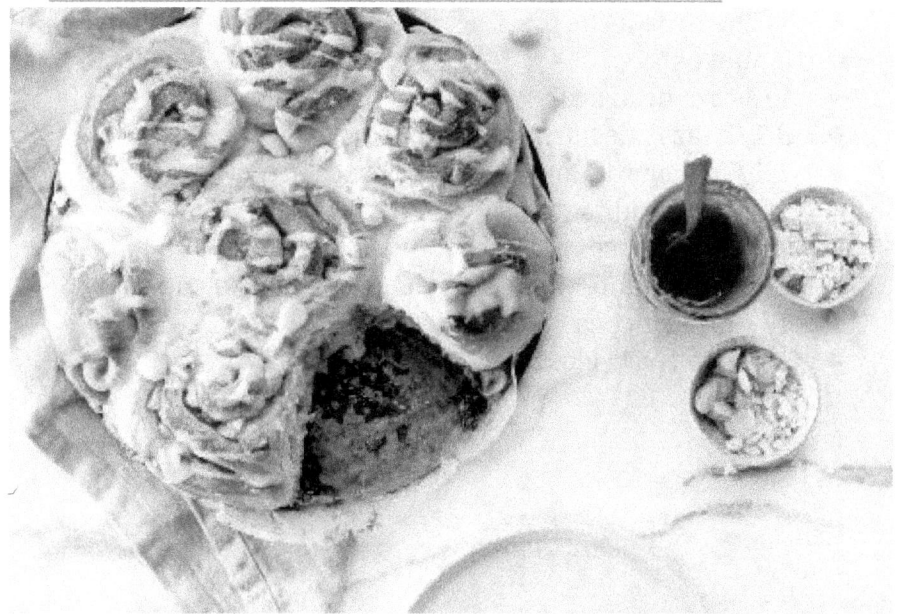

INGREDIENTES:
- 1/2 taza de leche
- 5 huevos
- 1/3 taza de azúcar
- 3 1/2 tazas de harina para todo uso
- 1 1/2 cucharaditas de levadura seca activa
- 1/2 cucharadita de sal
- 1 taza de nueces de macadamia picadas
- 1 taza de mantequilla congelada, cortada en cubitos
- 1/2 taza de coco rallado
- 1 huevo (para glasear)

INSTRUCCIONES:
a) En una máquina de hacer pan, combine la leche, los huevos, el azúcar, la harina, la levadura y la sal.
b) Después del amasado inicial, agregue la mantequilla congelada cortada en cubitos.
c) Deje que la máquina de hacer pan complete el ciclo de masa.
d) Sacar la masa, envolverla con film de cocina y refrigerar durante la noche.
e) Antes de hornear, dejar reposar la masa en un lugar cálido durante 1 hora.
f) Divide la masa en 12 partes iguales.
g) Forme esferas con porciones grandes de masa y colóquelas en moldes para hornear cupcakes untados con mantequilla.
h) Mezcle nueces de macadamia picadas y coco rallado con la masa.
i) Extienda la masa formando un rectángulo y espolvoree uniformemente la mezcla de nueces y coco.
j) Enrolle la masa hasta formar un tronco y córtela en 12 rondas.
k) Coloque las rondas en moldes para hornear cupcakes untados con mantequilla.
l) Cubrir con una toalla y dejar reposar una hora más para que suba.
m) Precalienta el horno a 350°F (180°C).
n) Batir un huevo y cepillar la superficie de cada brioche con el huevo batido.
o) Hornee durante 15-20 minutos o hasta que estén dorados.
p) Enfríe los remolinos de brioche de nuez de macadamia y coco sobre una rejilla.

77. Brioche con glaseado de avellanas y espresso

INGREDIENTES:
- 1/2 taza de leche
- 5 huevos
- 1/3 taza de azúcar
- 3 1/2 tazas de harina para todo uso
- 1 1/2 cucharaditas de levadura seca activa
- 1/2 cucharadita de sal
- 1 taza de avellanas picadas
- 1 taza de mantequilla congelada, cortada en cubitos
- 1/4 taza de espresso fuerte
- 1 taza de azúcar en polvo
- 1 huevo (para glasear)

INSTRUCCIONES:
a) En una máquina de hacer pan, combine la leche, los huevos, el azúcar, la harina, la levadura y la sal.
b) Después del amasado inicial, agregue la mantequilla congelada cortada en cubitos.
c) Deje que la máquina de hacer pan complete el ciclo de masa.
d) Sacar la masa, envolverla con film de cocina y refrigerar durante la noche.
e) Antes de hornear, dejar reposar la masa en un lugar cálido durante 1 hora.
f) Divide la masa en 12 partes iguales.
g) Forme esferas con porciones grandes de masa y colóquelas en moldes para hornear cupcakes untados con mantequilla.
h) Incorpora las avellanas picadas a la masa.
i) Forme 12 porciones con la masa y colóquelas en moldes para hornear cupcakes untados con mantequilla.
j) Presione el centro de cada esfera grande para crear una depresión.
k) Cubrir con una toalla y dejar reposar una hora más para que suba.
l) Precalienta el horno a 350°F (180°C).
m) Batir un huevo y pincelar la superficie de cada brioche con el huevo batido.
n) Hornee durante 15-20 minutos o hasta que estén dorados.
o) Enfríe el brioche de glaseado de avellanas y espresso sobre una rejilla.

BRIOCHE DE FLORES

78.Brioche de harina de maíz y lavanda

INGREDIENTES:
- 4 tazas de blanco; Harina sin blanquear
- 1 taza de harina de maíz
- 1 cucharadita de sal
- 1 cucharadita de lavanda
- 8 onzas de leche tibia descremada; calentado a 85 grados
- 1 cucharada de levadura fresca
- 1 cucharada de miel
- 2 huevos enteros; vencido

INSTRUCCIONES:
a) Agrega la levadura al agua y la miel y déjala reposar en un lugar cálido hasta que esté espumosa, luego agrega los huevos batidos.
b) Combine los ingredientes húmedos y secos y amase durante 8 minutos. Colocar en un lugar cálido y dejar crecer la masa hasta que duplique su volumen.
c) Luego, golpee y déle la forma deseada. Deje que la mezcla de masa suba nuevamente hasta que duplique su tamaño y hornee a 350 grados durante 25-30 minutos.
d) El tiempo de horneado variará según la forma y el tamaño del pan.
e) Estará listo cuando se vea de color marrón claro y suene hueco al golpearlo.

79. Brioche de miel y lavanda

INGREDIENTES:
- 1/2 taza de leche
- 5 huevos
- 1/3 taza de azúcar
- 3 1/2 tazas de harina para todo uso
- 1 1/2 cucharaditas de levadura seca activa
- 1/2 cucharadita de sal
- 2 cucharadas de flores secas de lavanda (grado culinario)
- 1 taza de mantequilla congelada, cortada en cubitos
- 1/4 taza de miel
- 1 huevo (para glasear)

INSTRUCCIONES:
a) En una máquina de hacer pan, combine la leche, los huevos, el azúcar, la harina, la levadura y la sal.
b) Después del amasado inicial, agregue mantequilla congelada cortada en cubitos y flores secas de lavanda.
c) Deje que la máquina de hacer pan complete el ciclo de masa.
d) Sacar la masa, envolverla con film de cocina y refrigerar durante la noche.
e) Antes de hornear, dejar reposar la masa en un lugar cálido durante 1 hora. Dividir en 12 partes.
f) Forme esferas con porciones grandes de masa y colóquelas en moldes para hornear cupcakes untados con mantequilla.
g) Presione el centro de cada esfera grande para crear una depresión.
h) Rocíe miel en el hueco de cada brioche.
i) Cubrir con una toalla y dejar reposar una hora más para que suba.
j) Precalienta el horno a 350°F (180°C).
k) Batir un huevo y pincelar la superficie de cada brioche con el huevo batido.
l) Hornee durante 15-20 minutos o hasta que estén dorados.
m) Enfriar el brioche de miel y lavanda sobre una rejilla.

80.Nudos de brioche de pétalos de rosa y cardamomo

INGREDIENTES:
- 1/2 taza de leche
- 5 huevos
- 1/3 taza de azúcar
- 3 1/2 tazas de harina para todo uso
- 1 1/2 cucharaditas de levadura seca activa
- 1/2 cucharadita de sal
- Pétalos de 2 rosas orgánicas (lavadas y finamente picadas)
- 1 taza de mantequilla congelada, cortada en cubitos
- 1 cucharadita de cardamomo molido
- 1 huevo (para glasear)

INSTRUCCIONES:
a) En una máquina de hacer pan, combine la leche, los huevos, el azúcar, la harina, la levadura y la sal.
b) Después del amasado inicial, agregue la mantequilla congelada cortada en cubitos.
c) Deje que la máquina de hacer pan complete el ciclo de masa.
d) Sacar la masa, envolverla con film de cocina y refrigerar durante la noche.
e) Antes de hornear, dejar reposar la masa en un lugar cálido durante 1 hora.
f) Divide la masa en 12 partes iguales.
g) Forme esferas con porciones grandes de masa y colóquelas en moldes para hornear cupcakes untados con mantequilla.
h) Mezcle pétalos de rosa picados y cardamomo molido con la masa.
i) Forma nudos con la masa y colócalos en una bandeja para hornear.
j) Cubrir con una toalla y dejar reposar una hora más para que suba.
k) Precalienta el horno a 350°F (180°C).
l) Batir un huevo y pincelar la superficie de cada nudo de brioche con el huevo batido.
m) Hornee durante 15-20 minutos o hasta que estén dorados.
n) Enfríe los nudos de brioche de pétalos de rosa y cardamomo sobre una rejilla.

81. Remolinos de brioche de azahar y pistacho

INGREDIENTES:
- 1/2 taza de leche
- 5 huevos
- 1/3 taza de azúcar
- 3 1/2 tazas de harina para todo uso
- 1 1/2 cucharaditas de levadura seca activa
- 1/2 cucharadita de sal
- 1/4 taza de pistachos picados
- 1 taza de mantequilla congelada, cortada en cubitos
- 1 cucharadita de agua de azahar
- 1 huevo (para glasear)

INSTRUCCIONES:
a) En una máquina de hacer pan, combine la leche, los huevos, el azúcar, la harina, la levadura y la sal.
b) Después del amasado inicial, agregue la mantequilla congelada cortada en cubitos.
c) Deje que la máquina de hacer pan complete el ciclo de masa.
d) Sacar la masa, envolverla con film de cocina y refrigerar durante la noche.
e) Antes de hornear, dejar reposar la masa en un lugar cálido durante 1 hora.
f) Divide la masa en 12 partes iguales.
g) Forme esferas con porciones grandes de masa y colóquelas en moldes para hornear cupcakes untados con mantequilla.
h) Mezcle los pistachos picados y el agua de azahar con la masa.
i) Extienda la masa formando un rectángulo y espolvoree la mezcla de pistachos uniformemente.
j) Enrolle la masa hasta formar un tronco y córtela en 12 rondas.
k) Coloque las rondas en moldes para hornear cupcakes untados con mantequilla.
l) Cubrir con una toalla y dejar reposar una hora más para que suba.
m) Precalienta el horno a 350°F (180°C).
n) Batir un huevo y cepillar la superficie de cada brioche con el huevo batido.
o) Hornee durante 15-20 minutos o hasta que estén dorados.
p) Enfríe los remolinos de brioche de azahar y pistacho sobre una rejilla.

82. Brioche de manzanilla y ralladura de limón

INGREDIENTES:
- 1/2 taza de leche
- 5 huevos
- 1/3 taza de azúcar
- 3 1/2 tazas de harina para todo uso
- 1 1/2 cucharaditas de levadura seca activa
- 1/2 cucharadita de sal
- 2 cucharadas de flores de manzanilla secas (grado culinario)
- Ralladura de 2 limones
- 1 taza de mantequilla congelada, cortada en cubitos
- 1 huevo (para glasear)

INSTRUCCIONES:
a) En una máquina de hacer pan, combine la leche, los huevos, el azúcar, la harina, la levadura y la sal.
b) Después del amasado inicial, agregue mantequilla congelada cortada en cubitos, flores secas de manzanilla y ralladura de limón.
c) Deje que la máquina de hacer pan complete el ciclo de masa.
d) Sacar la masa, envolverla con film de cocina y refrigerar durante la noche.
e) Antes de hornear, dejar reposar la masa en un lugar cálido durante 1 hora. Dividir en 12 partes.
f) Forme esferas con porciones grandes de masa y colóquelas en moldes para hornear cupcakes untados con mantequilla.
g) Presione el centro de cada esfera grande para crear una depresión.
h) Cubrir con una toalla y dejar reposar una hora más para que suba.
i) Precalienta el horno a 350°F (180°C).
j) Batir un huevo y pincelar la superficie de cada brioche con el huevo batido.
k) Hornee durante 15-20 minutos o hasta que estén dorados.
l) Enfriar el brioche de manzanilla y ralladura de limón sobre una rejilla.

83. Rollitos de brioche de té de jazmín y melocotón

INGREDIENTES:
- 1/2 taza de leche
- 5 huevos
- 1/3 taza de azúcar
- 3 1/2 tazas de harina para todo uso
- 1 1/2 cucharaditas de levadura seca activa
- 1/2 cucharadita de sal
- 2 cucharadas de hojas de té de jazmín (sueltas o en bolsitas de té)
- 1 taza de mantequilla congelada, cortada en cubitos
- 1 taza de duraznos frescos cortados en cubitos
- 1 huevo (para glasear)

INSTRUCCIONES:
a) En una máquina de hacer pan, combine la leche, los huevos, el azúcar, la harina, la levadura y la sal.
b) Después del amasado inicial, agregue la mantequilla congelada cortada en cubitos.
c) Deje que la máquina de hacer pan complete el ciclo de masa.
d) Sacar la masa, envolverla con film de cocina y refrigerar durante la noche.
e) Antes de hornear, dejar reposar la masa en un lugar cálido durante 1 hora.
f) Divide la masa en 12 partes iguales.
g) Forme esferas con porciones grandes de masa y colóquelas en moldes para hornear cupcakes untados con mantequilla.
h) Mezcle hojas de té de jazmín con la masa.
i) Forme 12 porciones con la masa y colóquelas en moldes para hornear cupcakes untados con mantequilla.
j) Presione el centro de cada esfera grande para crear una depresión.
k) Llene el hueco con melocotones frescos cortados en cubitos.
l) Cubrir con una toalla y dejar reposar una hora más para que suba.
m) Precalienta el horno a 350°F (180°C).
n) Batir un huevo y pincelar la superficie de cada brioche con el huevo batido.
o) Hornee durante 15-20 minutos o hasta que estén dorados.
p) Enfríe los rollitos de brioche de té de jazmín y melocotón sobre una rejilla.

84. Nudos de brioche de hibisco y bayas

INGREDIENTES:
- 1/2 taza de leche
- 5 huevos
- 1/3 taza de azúcar
- 3 1/2 tazas de harina para todo uso
- 1 1/2 cucharaditas de levadura seca activa
- 1/2 cucharadita de sal
- 2 cucharadas de flores secas de hibisco (calidad culinaria)
- 1 taza de mantequilla congelada, cortada en cubitos
- 1 taza de bayas mixtas (fresas, arándanos, frambuesas)
- 1 huevo (para glasear)

INSTRUCCIONES:
a) En una máquina de hacer pan, combine la leche, los huevos, el azúcar, la harina, la levadura y la sal.
b) Después del amasado inicial, agregue la mantequilla congelada cortada en cubitos.
c) Deje que la máquina de hacer pan complete el ciclo de masa.
d) Sacar la masa, envolverla con film de cocina y refrigerar durante la noche.
e) Antes de hornear, dejar reposar la masa en un lugar cálido durante 1 hora.
f) Divide la masa en 12 partes iguales.
g) Forme esferas con porciones grandes de masa y colóquelas en moldes para hornear cupcakes untados con mantequilla.
h) Mezcle flores de hibisco secas con la masa.
i) Forma nudos con la masa y colócalos en una bandeja para hornear.
j) Presione el centro de cada nudo y rellénelo con una variedad de bayas.
k) Cubrir con una toalla y dejar reposar una hora más para que suba.
l) Precalienta el horno a 350°F (180°C).
m) Batir un huevo y pincelar la superficie de cada nudo de brioche con el huevo batido.
n) Hornee durante 15-20 minutos o hasta que estén dorados.
o) Enfríe los nudos de brioche de hibisco y bayas sobre una rejilla.

85. Remolinos de brioche de violeta y limón

INGREDIENTES:
- 1/2 taza de leche
- 5 huevos
- 1/3 taza de azúcar
- 3 1/2 tazas de harina para todo uso
- 1 1/2 cucharaditas de levadura seca activa
- 1/2 cucharadita de sal
- 2 cucharadas de pétalos de violeta secos (grado culinario)
- Ralladura de 2 limones
- 1 taza de mantequilla congelada, cortada en cubitos
- 1 huevo (para glasear)

INSTRUCCIONES:
a) En una máquina de hacer pan, combine la leche, los huevos, el azúcar, la harina, la levadura y la sal.
b) Después del amasado inicial, agregue la mantequilla congelada cortada en cubitos.
c) Deje que la máquina de hacer pan complete el ciclo de masa.
d) Sacar la masa, envolverla con film de cocina y refrigerar durante la noche.
e) Antes de hornear, dejar reposar la masa en un lugar cálido durante 1 hora.
f) Divide la masa en 12 partes iguales.
g) Forme esferas con porciones grandes de masa y colóquelas en moldes para hornear cupcakes untados con mantequilla.
h) Mezcle los pétalos de violeta secos y la ralladura de limón con la masa.
i) Extienda la masa formando un rectángulo y espolvoree la mezcla floral uniformemente.
j) Enrolle la masa hasta formar un tronco y córtela en 12 rondas.
k) Coloque las rondas en moldes para hornear cupcakes untados con mantequilla.
l) Cubrir con una toalla y dejar reposar una hora más para que suba.
m) Precalienta el horno a 350°F (180°C).
n) Batir un huevo y cepillar la superficie de cada brioche con el huevo batido.
o) Hornee durante 15-20 minutos o hasta que estén dorados.
p) Enfríe los remolinos de brioche de violeta y limón sobre una rejilla.

86. Brioche de flor de saúco y arándanos

INGREDIENTES:
- 1/2 taza de leche
- 5 huevos
- 1/3 taza de azúcar
- 3 1/2 tazas de harina para todo uso
- 1 1/2 cucharaditas de levadura seca activa
- 1/2 cucharadita de sal
- 2 cucharadas de jarabe o concentrado de flor de saúco
- 1 taza de mantequilla congelada, cortada en cubitos
- 1 taza de arándanos frescos
- 1 huevo (para glasear)

INSTRUCCIONES:
a) En una máquina de hacer pan, combine la leche, los huevos, el azúcar, la harina, la levadura y la sal.
b) Después del amasado inicial, agregue la mantequilla congelada cortada en cubitos.
c) Deje que la máquina de hacer pan complete el ciclo de masa.
d) Sacar la masa, envolverla con film de cocina y refrigerar durante la noche.
e) Antes de hornear, dejar reposar la masa en un lugar cálido durante 1 hora.
f) Divide la masa en 12 partes iguales.
g) Forme esferas con porciones grandes de masa y colóquelas en moldes para hornear cupcakes untados con mantequilla.
h) Mezcle jarabe de flor de saúco o concentrado con la masa.
i) Forme 12 porciones con la masa y colóquelas en moldes para hornear cupcakes untados con mantequilla.
j) Presione el centro de cada esfera grande para crear una depresión.
k) Llene la depresión con arándanos frescos.
l) Cubrir con una toalla y dejar reposar una hora más para que suba.
m) Precalienta el horno a 350°F (180°C).
n) Batir un huevo y pincelar la superficie de cada brioche con el huevo batido.
o) Hornee durante 15-20 minutos o hasta que estén dorados.
p) Enfriar el brioche de flor de saúco y arándanos sobre una rejilla.

BRIOCHE DE JÁLA

87.Jalá de la máquina de pan

INGREDIENTES:
- 2 huevos grandes
- ⅝ taza de agua tibia
- 1½ cucharadas de aceite de maíz u otro aceite suave
- ½ cucharadita de sal
- 4½ cucharadas de Azúcar
- 3 tazas de harina de pan
- 2¼ cucharaditas de levadura de crecimiento rápido

INSTRUCCIONES:
a) Siga el orden especificado para los ingredientes y agréguelos a la máquina de hacer pan en el orden preferido del fabricante. Por ejemplo, con una máquina Hitachi, comience primero con los ingredientes húmedos, pero para otras máquinas, comenzar con los ingredientes secos está bien.

b) Seleccione el modo de masa en su máquina de hacer pan. Si usa una máquina Hibachi de 1,5 libras, agregue la levadura unos 30 segundos después de que comience la mezcla. Si usas otras máquinas, puedes colocar la levadura encima de los ingredientes secos.

c) Una vez que se completa el ciclo de masa, retira la masa y golpéala sobre una superficie enharinada. La masa quedará ligeramente pegajosa y muy esponjosa.

d) Después de reposar unos minutos, divide la masa en tercios, enrolla cada porción en tiras y trénzalas.

e) Deje que la masa trenzada suba hasta que casi duplique su tamaño, lo que suele tardar unos 45 minutos. Coloque el pan trenzado en una bandeja para hornear ligeramente engrasada para que suba.

f) Precalienta el horno a 350°F (175°C). Hornea la jalá durante aproximadamente 25 minutos o hasta que esté dorada. Opcionalmente, puedes darle un baño de huevo para darle un acabado brillante, pero los panes deben dorarse bien sin él.

88. Jalá con mayonesa

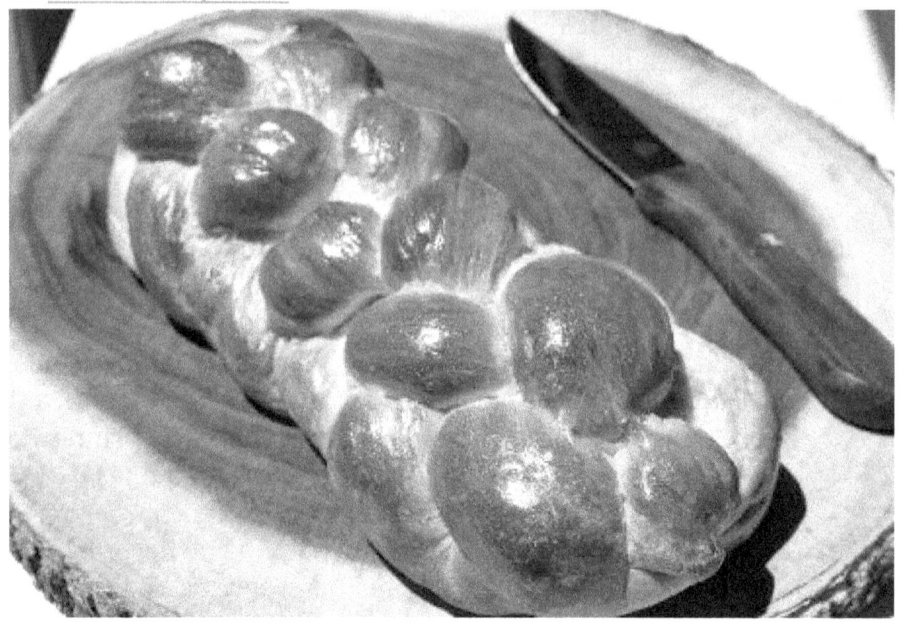

INGREDIENTES:
- 7½ tazas de harina
- ¼ de taza) de azúcar
- 2 paquetes de levadura seca
- 1 cucharadita de sal
- 1½ tazas de agua tibia
- ½ taza de mayonesa (NO aderezo para ensaladas)
- 4 huevos

INSTRUCCIONES:
a) En un tazón, combine 2 tazas de harina, sal, azúcar y levadura seca.
b) Agrega agua tibia y bate con batidora eléctrica a velocidad baja durante 2 minutos.
c) Agrega 2 tazas más de harina, mayonesa y 3 huevos. Batir con la batidora a velocidad media durante 2 minutos más.
d) Agregue, a mano, suficiente harina adicional (aproximadamente 3 tazas) para formar una masa suave y elástica. Amasar la masa, agregando más harina según sea necesario para lograr la textura deseada.
e) Coloca la masa en un bol engrasado, tápala y déjala crecer hasta que doble su tamaño.
f) Golpee la masa y divídala por la mitad (o tercios para panes más pequeños). Tapar y dejar reposar la masa durante 10 minutos.
g) Divide cada mitad en tres trozos largos en forma de cuerda. Trenza tres piezas para formar una hogaza.
h) Coloque el pan trenzado en una bandeja para hornear engrasada y unte con huevo batido usando el cuarto huevo. Opcionalmente, espolvorea semillas de amapola u otros aderezos.
i) Deje crecer el pan trenzado hasta que haya duplicado su tamaño.
j) Precalienta el horno a 375 °F (190 °C) y hornea la jalá durante unos 30 minutos o hasta que esté cocida y bien dorada.
k) Esta jalá con mayonesa se congela bien para usarla en el futuro.

89. Jalá de seis trenzas

INGREDIENTES:
- 2 paquetes de levadura seca activa
- ¼ a ½ taza de azúcar
- 1¼ tazas de agua tibia (105 a 115 grados)
- 5 a 6 tazas de harina para pan
- 2 cucharaditas de sal
- 3 huevos grandes
- ¼ taza de manteca vegetal
- 1 puñado de semillas de sésamo o amapola
- Harina de maíz para espolvorear

INSTRUCCIONES:

a) En un recipiente grande, disuelva la levadura y una pizca de azúcar en 1 taza de agua tibia (105 a 115 grados). Déjalo reposar durante 10 minutos.

b) Coloca la harina en un bol grande y agrega la mezcla de levadura disuelta. Cucharetear. Agrega el azúcar restante, la sal, 2 huevos y la manteca vegetal.

c) Batir durante aproximadamente un minuto y luego mezclar a mano. Coloque la masa sobre una superficie ligeramente enharinada y amase durante unos 15 minutos hasta que esté suave, agregando más agua o harina según sea necesario. Alternativamente, use un gancho para masa en una batidora para mezclar y amasar.

d) Coloca la masa en un bol ligeramente engrasado, dándole la vuelta para asegurar que toda la superficie quede ligeramente engrasada. Cubre el bol con un paño y déjalo reposar en un lugar cálido (75 a 80 grados) durante aproximadamente una hora o hasta que la masa duplique su tamaño.

e) Golpea la masa y divídela en 2 bolas. Divida cada bola en 6 trozos con forma de serpiente, cada uno de aproximadamente 12 pulgadas de largo.

f) Coloque los 6 hilos en una tabla uno al lado del otro, presionando los 6 extremos juntos. Dividir en 2 grupos de 3 hilos y trenzar. Toma el mechón del extremo izquierdo y colócalo sobre los otros 2 y hacia el centro. Continúe trenzando hasta que se acabe la masa. Apriete los extremos juntos. Repita con el segundo pan.

g) Para una opción más fácil, divide cada ovillo en 3 hebras y trenza. Coloque la tira exterior sobre la del medio y luego debajo de la tercera. Aprieta las tiras y continúa trenzando. Meta los extremos y repita con las 3 tiras restantes.
h) Con una brocha de repostería, unte la jalá con el huevo restante mezclado con agua y espolvoree con semillas de sésamo o amapola.
i) Después de cepillar el pan, sumerge el segundo dedo en el huevo batido y marca la parte superior de las trenzas. Sumerge el dedo en las semillas y toca el área marcada nuevamente para obtener un diseño más llamativo.
j) Espolvorea una bandeja para hornear galletas con harina de maíz y coloca los panes encima. Cubrir con una lámina de plástico y dejar reposar durante 30 minutos en un lugar cálido.
k) Precalienta el horno a 375°F (190°C). Hornea la jalá durante unos 30 minutos o hasta que esté dorada.

90. Jalá sin aceite

INGREDIENTES:
- 1½ tazas de agua
- 2 huevos
- 1½ cucharadas de puré de manzana
- 1½ cucharaditas de sal
- 3 cucharadas de miel
- 3 cucharadas de azúcar
- 5 tazas de harina blanca (o harina de pan blanco - omitir el gluten)
- 1½ cucharadas de gluten de trigo
- 3 cucharaditas de levadura
- 5 gotas de colorante alimentario amarillo (opcional)
- ¾ taza de pasas (opcional)

INSTRUCCIONES:
a) Agregue los ingredientes a la Máquina de pan (ABM) en el orden especificado por el modelo. Elija el ciclo "MASA".
b) Durante el segundo amasado, agrega ¾ de taza de pasas si lo deseas.
c) Una vez que el ABM complete el ciclo de masa, saca la masa y divídela en tres partes.
d) Cubre ligeramente cada parte con film transparente (puedes rociarlo ligeramente con PAM para evitar que se pegue) y deja reposar la masa durante una hora.
e) Estira cada porción y trenza la masa. Humedezca ligeramente los extremos para ayudar a que se peguen y dóblelos ligeramente debajo del pan para obtener una apariencia redondeada.
f) Coloque cada pan trenzado en una bandeja para hornear que haya sido rociada ligeramente con PAM. Cubre los panes con film transparente y déjalos reposar una hora más.
g) Precalienta el horno a 350 grados Fahrenheit (175 grados Celsius).
h) Cepille cada pan con un huevo batido (se pueden usar batidores de huevos y un par de cucharaditas son suficientes).
i) Hornee en el horno precalentado durante 25-30 minutos o hasta que estén dorados.

91. Jalá con pasas

INGREDIENTES:
- 4 tazas de agua tibia
- 2 cucharadas de levadura seca
- 4 huevos
- ½ taza de aceite
- ½ taza de miel
- 2 tazas de pasas
- 14 a 15 tazas de harina
- 1 cucharada de sal gruesa

Vidriar:
- 1 huevo batido
- Semillas de amapola

INSTRUCCIONES:
a) Vierta agua tibia en un tazón grande para mezclar. Agregue la levadura, los huevos, el aceite, la miel y las pasas. Mezclar bien y agregar aproximadamente la mitad de la harina. Deja reposar la mezcla de 45 minutos a 1 hora.
b) Agrega sal y la mayor parte de la harina restante. Mezclar y amasar hasta que la masa esté suave. Deje que la masa suba nuevamente durante 1 hora o continúe sin una segunda subida para un proceso más rápido.
c) Dividir la masa y darle forma de panes. Coloque los panes formados en moldes engrasados y déjelos reposar durante 45 minutos a 1 hora.
d) Precalienta el horno a 350°F (175°C).
e) Para el glaseado, bata un huevo y úntelo sobre la parte superior de los panes. Espolvorea semillas de amapola encima.
f) Hornee durante 45 minutos a 1 hora para los panes o 30 minutos para los panecillos, o hasta que estén dorados y suenen huecos al golpearlos.

92. Jalá suave

INGREDIENTES:
- 1½ tazas de pasas oscuras o amarillas, peladas
- 1¾ tazas de agua tibia
- 2 cucharadas de levadura seca
- 1 pizca de azúcar
- ⅓ taza de azúcar
- ⅓ taza de miel clara
- 3½ cucharaditas de sal
- ½ taza de aceite
- 3 huevos
- 2 yemas de huevo
- 6 a 7 tazas de harina para pan, aproximadamente
- 2 cucharadas de agua
- 2 cucharaditas de azúcar
- 1 huevo
- 1 yema de huevo

Lavado de huevos:
- 1 huevo
- 1 yema de huevo

INSTRUCCIONES:
a) En un tazón grande, mezcle la levadura, el agua tibia y una pizca de azúcar. Déjalo reposar durante cinco minutos para permitir que la levadura se hinche y se disuelva.
b) Agregue enérgicamente el resto del azúcar, la miel y la sal. Luego agregue aceite, huevos, yemas y unas cinco tazas de harina. Revuelva hasta obtener una masa peluda. Déjalo reposar durante 10-20 minutos para permitir que la harina se absorba.
c) Amasar la masa, ya sea a mano o con un gancho para amasar, añadiendo el resto de la harina según sea necesario para hacer una masa suave y elástica (unos 10-12 minutos). La masa debe salir de los lados del bol. Si está pegajosa, agrega pequeñas cantidades de harina hasta que la masa esté suave pero ya no se pegue.
d) Deje reposar la masa sobre una tabla ligeramente enharinada durante diez minutos, luego aplánela y presione las pasas lo

más uniformemente posible en la masa, doblando la masa sobre las pasas para "meterlas".

e) Coloque la masa en un recipiente engrasado y cúbrala con una envoltura de plástico engrasada y un paño de cocina húmedo o cúbrala con un paño de cocina húmedo y coloque todo el recipiente dentro de una bolsa de plástico grande. Deje que la masa crezca en un lugar sin corrientes de aire hasta que se doble y tenga un aspecto hinchado, entre 45 y 90 minutos.

f) Si va a hacer que suba en frío durante la noche, coloque la masa en un tazón grande ligeramente engrasado e insértelo en una bolsa de plástico grande. Refrigere durante la noche. Si la masa sube demasiado rápido, abre la bolsa, desinfla la masa y vuelve a cerrarla. Al día siguiente, deja que la masa se caliente, luego desinfla suavemente y continúa.

g) Divide la masa en dos. Para la jalá de Año Nuevo 'faigele' o con forma de turbante, forme con cada sección una cuerda larga (de aproximadamente 12 a 14 pulgadas de largo) que sea más gruesa en un extremo y enróllela, comenzando con el extremo más grueso primero, metiendo el extremo hacia adentro en la parte superior. para bloquear." Alternativamente, divida cada sección de masa en tres cuerdas, de aproximadamente 14 pulgadas de largo, y haga una trenza de jalá tradicional.

h) Colóquelo en una bandeja para hornear espolvoreada con harina de maíz. En un tazón pequeño, mezcle los ingredientes del huevo batido. Unte el pan con huevo batido y espolvoree con semillas de sésamo.

i) Deje que el pan crezca hasta que esté hinchado, alrededor de 20 a 30 minutos. Precalienta el horno a 400 grados F.

j) Hornee el pan durante 12 minutos, luego reduzca el fuego a 350 grados F y hornee otros 25 minutos o hasta que el pan esté dorado uniformemente.

93.Jalá de masa madre

INGREDIENTES:
- 1 taza de masa madre (debe ser parve si se sirve con carne)
- 1 taza de agua muy tibia
- 1 cucharada de Levadura o 1 paquete de Levadura
- 1 cucharada de miel
- 7 tazas de harina para pan (o más, alta en gluten con un poco de harina de cebada o harina para todo uso sin blanquear)
- 2 cucharaditas de sal
- 3 huevos
- ¼ taza de aceite vegetal (aprox.)
- 1 Yema de Huevo mezclada con 3 gotas de Agua (más o menos)
- Semillas de amapola

INSTRUCCIONES:
a) Mezclar la masa madre, el agua, la levadura y la miel. Deje que burbujee mientras avanza al siguiente paso.
b) En un tazón grande, mezcla 4 tazas de harina y sal.
c) Haga un hueco en el centro de la mezcla de harina y sal y agregue los huevos y el aceite.
d) Vierta la mezcla de levadura espumosa y revuelva con una cuchara o paleta de madera de mango grueso.
e) Agrega harina hasta que la mezcla se despegue del bol. No es necesario que quede perfectamente liso.
f) Espolvorea harina sobre una encimera o tabla de amasar. Coloque la masa en el medio, raspando todo lo que pueda del tazón. Lave el recipiente para usarlo en un paso posterior.
g) Amasar el pan añadiendo harina hasta que quede suave y elástico. La textura debe sentirse como el trasero desnudo de un bebé cuando se le da una palmadita.
h) Coloque la masa en el tazón para mezclar engrasado. Cúbrelo con papel encerado y un paño de cocina, luego colócalo en un lugar cálido para que suba. Estará listo cuando puedas ver las marcas de tus dedos en la masa después de pincharla.
i) Coloque la masa sobre la encimera y presiónela hacia abajo para eliminar las burbujas de aire grandes. Trencéelo en dos o cuatro panes y colóquelos en bandejas para hornear engrasadas. Déjalas reposar media hora más.
j) Precalienta el horno a 350°F (175°C). Glasear los panes con la mezcla de yema de huevo y espolvorear generosamente con semillas de amapola. Hornear durante media hora aproximadamente, girando las bandejas en el horno. Los panes deben sonar huecos al golpearlos. Déjalos enfriar.

94. Jalá de Año Nuevo

INGREDIENTES:
- 1 taza de pasas
- 1 taza de agua hirviendo
- 1 taza de agua fría (para la fabricación a máquina, use agua a 100-105 grados para el método convencional)
- 1 3/8 cucharaditas de sal
- 1 cucharada de azúcar
- 2 huevos enteros
- 2 yemas de huevo batidas
- 1/4 taza de miel
- 1/4 de taza de Aceite Vegetal
- 3 cucharaditas de levadura instantánea o de crecimiento rápido o de crecimiento rápido
- 3½ a 4 tazas de harina para todo uso
- 1 cucharadita de Aceite (para recubrir el refrigerador)
- 2 cucharaditas de harina de maíz
- 1 huevo
- 1 yema de huevo
- 2 cucharadas de semillas de sésamo (si se desea)

LAVADO DE HUEVOS:
- 1 huevo
- 1 yema de huevo

INSTRUCCIONES:
a) Coloque las pasas en un tazón mediano y vierta agua hirviendo sobre ellas. Déjalos engordar durante 2 minutos. Escurrir, secar y dejar enfriar.

INSTRUCCIONES DE LA MÁQUINA
b) Coloca en el recipiente de la máquina agua fría, sal, azúcar, huevos, yemas, miel, aceite, levadura y 3 tazas de harina o en el orden estipulado por el fabricante.
c) Poner en modo masa o programa. Espolvoree más harina a medida que la masa forme una bola y parezca lo suficientemente húmeda como para requerir la harina restante. Antes del segundo amasado, agrega las pasas. Se deben añadir una vez formada la masa, pero dejando algo de tiempo de amasado para incorporarlos.
d) Si tu máquina no lo permite, deja que complete su ciclo de amasado. Retírelo a una tabla enharinada y simplemente presione las pasas. Continúe con las instrucciones para formar panes. Ver nota 2
e) Instrucciones convencionales En un tazón grande, mezcle agua tibia, sal, azúcar y miel. Espolvorea con levadura instantánea, de crecimiento rápido o de crecimiento rápido. Incorpora los huevos, las yemas y el aceite vegetal. Incorpora 3 tazas de harina. Si usa una batidora eléctrica, coloque un gancho para masa y amase con la batidora o a mano durante 8-10 minutos hasta que la masa esté suave y elástica, dejando los lados del bol. Si la masa está pegajosa, agregue pequeñas cantidades de harina hasta que la masa esté suave y ya no se pegue.
f) Espolvorea la superficie de trabajo con el ¼ de taza de harina restante. Deja reposar la masa durante 10 minutos en la superficie. Amasar o presionar las pasas lo más uniformemente posible, doblando la masa sobre las pasas para meterlas. Cubra la masa con una toalla limpia y húmeda. Deja reposar la masa durante 20 minutos. O, si deja que termine de fermentar durante la noche, colóquelo en una bolsa de plástico grande engrasada y refrigérelo durante la noche. Si ves que el pan sube, abre la bolsa, desinfla la masa y vuelve a cerrarla. Al día siguiente, batir el pan y proceder de la siguiente manera.

g) Para formar panes: trabaje en una bandeja para hornear cubierta con papel de aluminio o pergamino y espolvoreada con harina de maíz. Para una trenza tradicional, divida la masa en 3 troncos de 15 pulgadas de largo; para una corona, use 3 troncos de 18 pulgadas; para un turbante, use 2 troncos de 18 pulgadas un 20% más gruesos en un extremo que en el otro. Para una trenza, trence los 3 troncos, junte los extremos y métalos hacia abajo. Para una corona redonda, trénzala y dale forma de círculo. Junte los extremos y métalos dentro de la ronda para que no se vean. Para los turbantes, comenzando por el extremo más grueso, enrolle el pan formando una ronda. Al final, pellizca la punta y métela hacia abajo.
h) En un tazón pequeño, mezcle el huevo y la yema para el huevo batido. Unte generosamente el pan con el huevo batido. Déjelo reposar durante 30-40 minutos.
i) Cepille nuevamente y espolvoree con semillas de sésamo, si lo desea.
j) Horneado: 15 minutos antes de hornear, precalienta el horno a 375°F (190°C). Hornee durante 30-35 minutos hasta que la corteza esté bien dorada y suene hueca al golpearla.

95. Jalá rellena

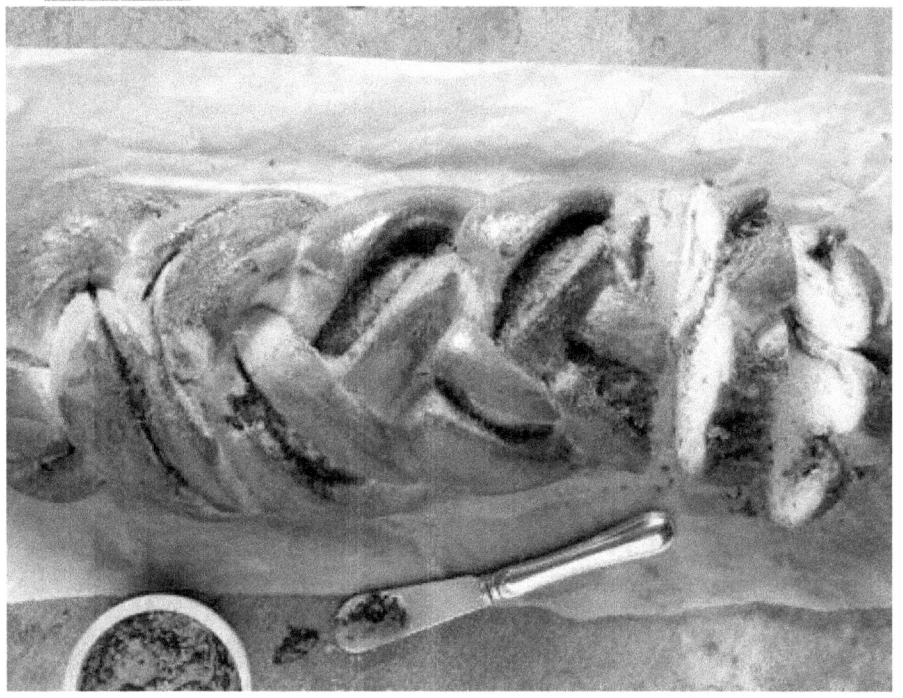

INGREDIENTES:
- masa de jalá
- Manzanas en cubos
- Azúcar morena
- Canela
- Lavado de huevos
- Canela y Azúcar para Espolvorear

INSTRUCCIONES:
a) Prepara tu masa de jalá según tu receta preferida.
b) Aplana las cuerdas de masa y coloca una fina hilera de manzanas cortadas en cubitos que han sido salteadas en un poco de azúcar moreno y canela. Asegúrese de que la mezcla esté bien escurrida para evitar que se derrame durante el horneado.
c) Enrolle cada cuerda, similar a un rollo de gelatina, y selle ambos extremos.
d) Trenza las cuerdas con cuidado.
e) Deje que la masa trenzada crezca durante aproximadamente 45 minutos a una hora.
f) Precalienta tu horno.
g) Cepille la masa trenzada con huevo batido.
h) Espolvoree canela y azúcar encima para darle más sabor.
i) Hornee de acuerdo con las instrucciones de la receta de jalá hasta que la jalá esté dorada y suene hueca al golpearla.

96. Dulce jalá

INGREDIENTES:
- ½ taza más ¼ de cucharadita de azúcar granulada
- 2¼ tazas de agua tibia
- 2 paquetes de levadura seca activa
- 10 tazas de harina de pan blanca sin blanquear, más 1½ tazas más según sea necesario
- 1 cucharada de sal gruesa o kosher
- 4 Huevos Jumbo a temperatura ambiente, batidos, más 1 Yema de Huevo
- ½ taza de aceite de maní, y más para engrasar sartenes
- ½ taza más 1 cucharadita de miel, cantidad dividida
- ½ taza de pasas
- Semillas de amapola

INSTRUCCIONES:
a) Disuelva ¼ de cucharadita de azúcar en agua tibia. Agrega la levadura; reservar en un lugar sin corrientes de aire para que fermente (unos 10 minutos).
b) Mezcle 10 tazas de harina, sal y la ½ taza de azúcar restante en un tazón a mano o en un procesador de alimentos equipado con una cuchilla para masa. Si mezcla a mano, haga un hueco en el centro de la mezcla de harina.
c) Agregue 4 huevos batidos, ½ taza de aceite, ½ taza de miel y la mezcla de levadura leudada al tazón o recipiente del procesador de alimentos.
d) Mezcle y amase a mano o con una paleta para masa en el procesador de alimentos, agregando harina adicional hasta que la masa forme una bola pegajosa y se desprenda de los lados.
e) Coloca la masa sobre una tabla enharinada; Continúe amasando a mano, agregando harina según sea necesario. La masa debe tener ampollas por el amasado, sentirse húmeda y ligeramente pegajosa, pero no pegarse a la tabla ni a los dedos.
f) Coloca la masa en un bol engrasado; cubrir con un paño de cocina húmedo. Déjelo reposar en un lugar sin corrientes de aire para que suba durante 2½ a 3 horas, hasta que duplique su volumen.

g) Prueba la masa empujándola con el dedo. Si no vuelve a saltar, está listo para su segundo amasado. Golpee la masa y espolvoree con pasas. Amasar las pasas.
h) Coloque la masa en una sartén engrasada, cúbrala con un paño húmedo y déjela reposar nuevamente durante 1 a 1½ horas, hasta que duplique su volumen.
i) Divide la masa en 4 trozos iguales. Divide cada una de las 4 piezas en 3 piezas iguales. Enrolle cada pieza hasta formar una cuerda de al menos 24 pulgadas de largo, con extremos más delgados.
j) Junte tres hilos en un extremo y luego trence los tres hilos. Enrolla la trenza en una bobina comenzando en la parte superior de la espiral.
k) Coloque los panes en bandejas para hornear galletas o moldes poco profundos; cubrir con paños de cocina húmedos. Deje que los panes crezcan durante unos 35 a 45 minutos, hasta que dupliquen su tamaño.
l) Haga un huevo batido combinando la yema de huevo, la cucharadita de miel restante y 1 cucharada de agua fría. Unte con huevo batido cada barra. Espolvorea con semillas de amapola.
m) Hornee en un horno precalentado a 350 grados durante 35 a 45 minutos. Los panes estarán listos cuando estén dorados y suenen huecos al golpearlos en el fondo.
n) Deje enfriar sobre rejillas antes de servir.

97. Jalá muy mantecosa

INGREDIENTES:
- 2½ barras de mantequilla, derretida
- 2 paquetes de levadura
- 2 tazas de agua tibia
- 7 tazas de harina, sin blanquear
- 4 cucharaditas de sal
- 3 huevos batidos
- ½ taza de azúcar
- 2 huevos batidos
- Semillas de amapola (opcional)
- Semillas de sésamo (opcional)

INSTRUCCIONES:
a) Disolver la levadura en agua tibia.
b) En un tazón grande, bata 3 huevos. Agregue sal, azúcar, levadura disuelta y mantequilla derretida a la mezcla de huevo.
c) Agregue 4 tazas de harina de una vez. Continúa agregando 3 tazas más de harina hasta que la masa tenga una consistencia suave.
d) Amasar la masa sobre una tabla enharinada hasta que ya no esté pegajosa y esté elástica al tacto.
e) Coloca la masa en un bol engrasado y cúbrela con una toalla. Déjelo reposar durante 1½ horas o hasta que duplique su volumen.
f) Golpea la masa, amasa un poco y divídela en 6 trozos. Enrolla cada pieza con las manos para formar cuerdas largas y delgadas.
g) Trenza 3 cuerdas, juntando los extremos. Repite el proceso con las otras 3 cuerdas.
h) Coloque cada pan trenzado en su propia bandeja para hornear engrasada, cúbralo con una toalla y déjelo reposar durante aproximadamente una hora o hasta que duplique su volumen.
i) Precalienta el horno a 350°F.
j) Unte los panes con los 2 huevos batidos y espolvoree con semillas de amapola o de sésamo si lo desea.
k) Hornea en el horno precalentado durante unos 45 minutos o hasta que el pan esté dorado.

98. Jalá de agua

INGREDIENTES:
- 2 paquetes de levadura
- 1 cucharadita de azúcar
- 2¼ tazas de agua tibia
- 8 a 9 tazas de harina tamizada
- 1/3 a 1/2 taza de azúcar
- 1/3 taza de aceite
- 1 cucharada más 1 cucharadita de sal
- 2 cucharaditas de vinagre

INSTRUCCIONES:

a) Disuelva la levadura y una cucharadita de azúcar en ½ taza de agua tibia. Déjalo reposar durante 5 minutos hasta que burbujee.

b) En un tazón, combine 4 tazas de harina, la mezcla de levadura y los ingredientes restantes. Batir durante unos 3 minutos.

c) Incorpora la harina restante, 1 taza a la vez, amasando la última taza a mano o con un gancho para pan durante unos 10 minutos. Asegúrese de que la masa esté bien amasada para obtener una textura suave.

d) Coloca la masa en un recipiente engrasado, voltéala, tapa y déjala reposar en un lugar cálido hasta que doble, aproximadamente de 1½ a 2 horas.

e) Golpea la masa y trenzala en 3 jalás. Puedes dividir la masa para hacer jalás más pequeñas si lo deseas.

f) Cubra las jalás trenzadas con un paño húmedo y déjelas crecer hasta que dupliquen, aproximadamente 1 hora. Esté atento a ellos a medida que se acerca el final del tiempo de subida.

g) Glasea las jalás con huevo batido y espolvorea con semillas si lo deseas (opcional).

h) Hornee en un horno precalentado a 345 °F durante 45 minutos. Las jalás están listas cuando emiten un sonido hueco al golpearlas en la parte inferior.

99.Jalá con remolino de chocolate

INGREDIENTES:
- 4 tazas de harina para todo uso
- 1/2 taza de azúcar
- 1 cucharadita de sal
- 1 paquete de levadura seca activa (aproximadamente 2 1/4 cucharaditas)
- 1 taza de agua tibia (110°F/43°C)
- 1/4 taza de aceite vegetal
- 2 huevos grandes
- 1/2 taza de cacao en polvo
- 1/2 taza de chispas de chocolate (semidulce)

INSTRUCCIONES:
a) En un tazón grande, mezcle el agua tibia, el azúcar y la levadura. Déjelo reposar durante 5 a 10 minutos hasta que esté espumoso.
b) Agrega el aceite y los huevos a la mezcla de levadura, revolviendo bien.
c) En un recipiente aparte, combine la harina y la sal. Agrega poco a poco esta mezcla a los ingredientes húmedos, revolviendo continuamente hasta que se forme una masa.
d) Dividir la masa en dos porciones. En una porción, amase el cacao en polvo hasta que esté completamente incorporado.
e) Coloque ambas porciones de masa en tazones engrasados separados, cúbralas y déjelas reposar durante aproximadamente 1 a 1,5 horas, o hasta que duplique su tamaño.
f) Precalienta tu horno a 350°F (175°C).
g) Extienda cada porción de masa formando un rectángulo. Coloque la masa de chocolate encima de la masa simple y espolvoree las chispas de chocolate de manera uniforme.
h) Enrolle la masa firmemente hasta formar un tronco y luego trencela como lo haría con una jalá tradicional.
i) Coloque el pan trenzado en una bandeja para hornear forrada con papel pergamino. Déjelo reposar durante 30 minutos más.
j) Hornee durante 25-30 minutos o hasta que la jalá esté dorada. Déjalo enfriar antes de cortarlo.

100. Jalá salada con hierbas y queso

INGREDIENTES:
- 4 tazas de harina para pan
- 1 cucharada de azúcar
- 1 cucharadita de sal
- 1 paquete de levadura seca activa (aproximadamente 2 1/4 cucharaditas)
- 1 taza de agua tibia (110°F/43°C)
- 1/4 taza de aceite de oliva
- 2 huevos grandes
- 1 taza de queso parmesano o pecorino rallado
- 2 cucharadas de hierbas frescas (como romero, tomillo y orégano), finamente picadas

INSTRUCCIONES:
a) En un tazón grande, mezcle el agua tibia, el azúcar y la levadura. Déjelo reposar durante 5 a 10 minutos hasta que esté espumoso.
b) Agrega el aceite y los huevos a la mezcla de levadura, revolviendo bien.
c) En un recipiente aparte, combine la harina y la sal. Agrega poco a poco esta mezcla a los ingredientes húmedos, revolviendo continuamente hasta que se forme una masa.
d) Dividir la masa en dos porciones. En una porción, amase el cacao en polvo hasta que esté completamente incorporado.
e) Agrega el queso rallado y las hierbas picadas a la masa, amasando hasta que estén bien combinados.
f) Precalienta tu horno a 350°F (175°C).
g) Extienda cada porción de masa formando un rectángulo. Coloque la masa de chocolate encima de la masa simple y espolvoree las chispas de chocolate de manera uniforme.
h) Enrolle la masa firmemente hasta formar un tronco y luego trencela como lo haría con una jalá tradicional.
i) Coloque el pan trenzado en una bandeja para hornear forrada con papel pergamino. Déjelo reposar durante 30 minutos más.
j) Hornee durante 25-30 minutos o hasta que la jalá esté dorada. Déjalo enfriar antes de cortarlo.

CONCLUSIÓN

Al concluir nuestra exploración a través del "Manual definitivo de brioche", esperamos que haya abrazado el arte de hornear un brioche perfecto en todo momento. Cada receta contenida en estas páginas es un testimonio de la alegría, la precisión y la habilidad que definen el mundo del brioche. Ya sea que se haya maravillado con las deliciosas capas de un brioche con canela o haya disfrutado de la simplicidad de un panecillo de brioche clásico, confiamos en que este manual le haya permitido crear brioches con calidad de panadería en la comodidad de su propia cocina.

Más allá de los ingredientes y las técnicas, que la satisfacción de sacar del horno un brioche dorado y fragante se convierta en un motivo de orgullo y alegría. A medida que continúa perfeccionando sus habilidades para hornear, puede que "EL ÚLTIMO MANUAL DE BRIOCHE" sea su recurso de referencia para obtener deliciosas variaciones, giros innovadores y el placer eterno de compartir brioches recién horneados con amigos y familiares.

Brindemos por el arte de hornear brioche, por la magia de la masa perfectamente laminada y por los innumerables momentos de deleite que le esperan en su viaje culinario. ¡Que tu cocina se llene del dulce aroma del éxito mientras dominas el arte de hornear un brioche perfecto en todo momento!